人脈につながるマナーの常識

Common sense of manners that lead to personal connections

櫻井秀勲

Sakurai Hidenori

きずな出版

人脈につながる55のルール

目次

第1章 人脈につながる「マナーの基本」

第2章 人脈につながる「日常の教養」

第3章 人脈につながる「サービス精神」

第4章

人脈につながる「ビジネスマナー」

第5章

人脈につながる「ふれ合いの技術」

第6章

人脈につながる「男女間の作法」

第7章 人脈につながる「スマートな品格」

第8章

人脈につながる「信頼関係の築き方」

第9章 人脈につながる「最高の弟子になる方法」

人脈につながるマナーの常識

第1章

人脈につながる「マナーの基本」

日本人のマナーは世界では通用しません

もともと日本のマナーは独特のもので、世界で通用するものではありません。とくに欧米諸国は国境が接しているため、自国民だけでなく、常に他国籍の人々が交じっています。そのため、マナーといっても、警戒《けいかい》からマナーがスタートした、といわれています。握手がその典型的な例で、昔は握手の瞬間に、自分に合う人かどうかを判断したそうです。手の大きさ、厚さ、握りの強さ、さらには冷たい手か温かい手かを瞬時に判断して、敵か味方か見分けたのです。いまでもヨーロッパの国によっては、この握手によって、歓待《かんたい》できる人かそうでないかを、適確に判断できます。

ところが同じ大陸といっても、中国のようにその大部分が中華民族となると、ヨーロッパの小さい国々がひしめき合った大陸性と異なり、会話によって、東西南北どの地域の民族かを判断するといいます。

これは小さな島国の日本でも同じで、大阪弁をしゃべると、静かなマナーでなく、明るく、にぎやかなマナーでないと親密な仲になれないと、判断する人が多いのではないでしょうか？

マナーは、大きく分けると次の3項目になります。

（1）動と静のマナー
（2）立つマナーと座るマナー
（3）親密のマナーと敬意のマナー

動のマナー、立つマナー、親密のマナーは欧米流のもので、現在の私たちはむしろ、こちらを知らなくてはなりません。

これに対し静のマナー、座るマナー、敬意のマナーは、日本伝統の方式で、元はといえば和服のときの礼儀です。そこで和服を着て客を迎える茶道《さどう》、華道《かどう》の場や、料亭などで食事をするときは、日本式の礼儀作法が必要になります。

人脈につながるルール
01

国や地位にふさわしいマナーがあることを知る

いまの若い人の多くは、こういう席に連《つら》なることはほとんどないでしょう。しかしマナーというのは、若い時期だけのものではありません。初級マナーだけでなく、管理職クラスに必要な中級マナー、それにトップに必要な上級マナーもあるのです。

以前に民主党が政権を握った際、皇居での叙勲式《じょくんしき》で礼装をやめて、ふつうのスーツにしたことがあります。時の首相、菅直人は天皇陛下の前で背広姿で立っていましたが、これはやはり上級者のマナーに合いません。

社会主義国ではそうであっても、長い歴史をもつ皇居での式典では、略式《りゃくしき》は似合わないし、それがテレビで流れただけで、菅首相は失礼だ、礼儀を知らないと、民主党の票は、相当失われたと思います。

年齢や地位にふさわしい礼儀を知らないと、やはり人格、品格を落とします。できれば、日本式と外国式の両方のマナーを身につけたいところです。

マナーの常識02

初対面のときこそ親密感を出すようにしましょう

いまの私たちがマナーを必要とするのは、そのほとんどがビジネスの場です。その多くは社会に出ていくための初級マナーで、悩んでいる人もいることでしょう。

ビジネス中心の場は、テーブル、机と椅子が主役になっています。

それは会社の職場だけでなく、飲食の場でも同じであり、伺った先の応接室もたぶん、そのような環境でしょう。つまりは動のマナー、立つマナー、親密のマナーの3点は、テーブル、机と椅子と切っても切れない関係にあります。

ビジネスマナーの本はたくさん出ていますが、これをすべて実行しようとすると、わけがわからなくなります。

私は基本として、目上の人が座るまで、目下は立っている、という姿勢を崩《くず》していません。

同じように目上が動いてから目下が動く。目上が親密感を出すまで、目下は出さない。

反対にいえば、親密感を先に出せない目上の人は、マナー違反をしていることになります。

実際、エラそうに一言もしゃべらない男がいますが、私はそういう男とは、すぐ縁《えん》を切ります。マナーのない人とつき合っていても、こちらにプラスは何一つないからです。

多くの若い人たちは、自分がマナーに反しているのでは？　と恐れているようですが、そうとばかりはいえません。

これまでの私の経験では、マナーを守らないのは目上のほうが多いようです。それは、目下の人と一緒にいる機会が多いからです。

そういう人は家に帰っても、テレビや新聞を見ながら食事することに慣《な》れているため、最初からマナーを守ろうとする意欲がありません。

私は若い頃から編集者として、有名作家や有名芸能人を担当していました。これらの人たちの中には、マナーに非常にきびしく、ときとして出入り禁止にされることもあったほどです。

あるいは、優しくマナーを教えてくれる作家もいました。有名な三島由紀夫はあるとき、ホテルのレストランで、ステーキの切り方を知らない私に、ナイフとフォークの使い方の基本を教えてくれました。

そのおかげで、いまも肉の切り方だけはうまくできますが、できれば、わからないことは、先輩や上司に教えを乞《こ》うといいでしょう。

念のためにいえば、ナイフとフォークをもったとき、両腕の脇を締《し》めると、美しいフォームでステーキが食べられます。

人脈につながるルール02

マナーのない人とは距離をおく

洋食のマナーというと、なにやらむずかしい順序があると恐れてしまいますが、食べたあとが乱雑でないことが、最初のマナーです。食べている最中は、それほど問題ではありません。

スプーンやフォークにしても、外側から順序よく使えばいいだけで、かりに料理の品数が多くて、スプーン、フォークが足りなくなっても、まったく恥ずかしいことはありません。

係の人に頼めばいいのです。もっと正確にいえば、ホテルやレストランのウエーターが、客のカトラリー(ナイフなど)の足りないことに気づかなければ、その店は二流だということです。

マナーの常識03

日本の礼儀は正座から始まります

日本人はいまから70年ほど前までほとんどの人が、畳《たたみ》の生活をしていました。ですから大ざっぱにいうと、70歳以上の男性なら正座とあぐら、女性なら正座と横座りができるものです。

このうちの女性の横座りは、正式のときはマナー違反になりますが、男性のあぐらは、正座で挨拶が終われば、

「どうぞお楽に」

という言葉をかけられますから、それ以後であれば、膝を崩して差し支《つか》えありません。

ただし、このときの姿勢が問題で、背筋をできるだけピンと伸ばしていないと、形が悪くなります。

念のためにつけ加えると、正座にはいくつかの意味があります。まず上位者に対してひれ伏《ふ》

す、平伏《へいふく》するという意味です。この上位者には神仏《しんぶつ》も含まれます。

次に正座には「かしこまる」という意味があり、相手の命令を承知するという姿勢です。これは現在でも「かしこまりました」という謙譲《けんじょう》語として使われています。

目上から仕事を頼まれたとき「承知しました」という言葉もありますが、「かしこまりました」のほうが敬意の度合いが深いことを知っておきましょう。

さらに正座には刀との関係があります。一つは切腹《せっぷく》のときの座り方であり、もう一つは居合《いあ》いのできる座り方です。曲者《くせもの》が現れたとき、自分なり上司なりを守る際に、とっさに刀を抜くことができるので、上司から安心される姿勢でもあります。

つまり正座には、さまざまな意味が込められるほど大切な座り方であって、マナーとしては最上位といっていいでしょう。

もしまったく正座ができないのであれば、将来のために、最低でも1時間くらいは座れるよう、いまのうちから慣れておきましょう。

これはいますぐ必要だ、というものではありませんが、かりに上位者になったとき、正座は生きてきます。

人脈につながるルール
03

1時間くらいの正座には慣れておく

上位者にならなくても、お見合いの席が料亭の場合には、役に立ちますし、もし正座がきちんとできる青年なり女性であれば、お相手のご両親の目に好印象を与えるでしょう。

もし正座に興味があれば、NHKの大河ドラマを見れば、誰の正座が美しいか、よくわかるはずです。

私はテレビを見るとき、ニュースにせよ、ドラマにせよ、その言葉遣いやお辞儀《じぎ》の仕方、座り方、食事の仕方などを学ぶことがあります。

私はこれを「一石二鳥式《いっせきにちょうしき》」と勝手に名づけていますが、かりにドラマがそう面白くなくても、別の面で勉強になることがいろいろ出てきます。

あぐらのかき方でも、マナーに叶《かな》った映像を見ることができます。ぜひマナーの基礎をテレビ画面から覚えてしまいましょう。

マナーの常識 04

「お」の字にはマナーの基礎が入っています

辞書を引いてみましょう。不思議なことに「お」の字を見ていくと――

「おはよう」「お疲れさま」「お先に」
「おいしい」「おめでとう」「お帰り」
「おおきに」「お礼」「おもてなし」
「応対」「応答」「応接」
「おかげさま」「おもいやり」「親心」

こういったマナーに大切な言葉が、たくさん並んでいます。

また反対にマナーに反した言葉として――

「遅れる」「おろそか」「おおげさ」「大ざっぱ」

「横柄《おうへい》」「大仰《おおぎょう》」「億劫《おっくう》」「おざなり」

なども「お」の字の中に入っています。ほかの字を調べても、これだけ礼儀に関する文字はないものです。

ここでこれらの文字をじっと眺めていると、「御」の意味のある接頭語が多いことが目につきます。つまり相手を立てる、尊敬することが、マナーの基礎だということでしょう。

次に「応」が目につきます。応とは、相手の要望に応えるという意味です。もっと正確にいえば、「心でしっかり受けとめる」と、辞書には書かれています。

そして最後に「お」は「己」のことだそうです。おもいやりもおざなりも、すべては己の気持ちと行為です。応答にしても、自分の気持ちを込めるとしたら、もっともっと丁寧《ていねい》、丁重《ていちょう》にしてもいいでしょう。

この「お」音には、直接的に礼儀と関わりはなくとも、気持ちに関する語句がたくさんあります。

「面白い」「おかしい」「おだてる」「おごる」
「重んじる」「おこたる」「押さえる」「惜《お》しむ」
「教える」「怒る」「驚く」「脅《おび》える」「臆《おく》する」

マナーとは考えようによっては、周囲を楽しませるサービスとやや近い面もあります。そうでないと、すごく窮屈《きゅうくつ》な感じがします。

ホテルで食事をしているとき、係の人がサービスにやってきますが、もちろんマナーを心得ているだけでなく、客を楽しませ、笑わせたりしてくれます。

食事とは堅苦しいものでなく、楽しみながら味わうものだ、と教えてくれます。これらの「お」の文字にも、楽しませ、笑いを誘う意味が入っています。

マナーはもちろん型から入るもので、正しい型の上に、楽しさ、温かさが加われば最高でしょう。しかし、私の長年の人づき合いの中で、型が正確だった人は、ほとんどいません。
文字にしても、楷書《かいしょ》、行書《ぎょうしょ》、草書《そうしょ》の三体があります。行書は楷書の崩し文字で、草書は自由体です。楷書は書き順が決まっており、その書き順で崩すから、行書は美しく見えるのです。

しかし草書は楷書、行書を心得た上での自由書体です。
マナーもここまでくると、型が少しくらい崩れても、かえって美しく見えるでしょう。「お」の音の文字を、じっと見て研究してみてはどうでしょうか。

人脈につながるルール
04

相手を楽しませ、笑わせることを心がける

過度な丁寧さは、かえって自分を低くします

マナーで悩むのは、若い人に多いはずです。学生時代はマナーを知らなくても許されてきましたが、社会に出るとそうはいきません。

企業に入ったその日から、言葉遣いやら名刺の渡し方まで、汗びっしょりになるのではないでしょうか？

私はこのマナーの本を書きながら、じつはマナーをそう厳格に考えていません。かりに会話のマナーができたとしても、話の内容が何もなければ、結局、高く評価されないからです。

世の中にはさまざまな職業があります。

たとえば毎日、新しい客を迎える職業では、その最初の回で、感じのよさを相手に与えなければなりません。

だからこそ笑顔も必要だし、言葉遣いやサービスの仕方も、マナーに叶《かな》ったものが必要です。

それに対して、長くおつき合いしなければならない相手もいます。むしろこちらのほうが多いかもしれません。こちらは挨拶の仕方がどうの、名刺の渡し方がどうの、というより、人間性を知っていただくほうが、はるかに大事です。

近頃のマナー本を見ていると、「これはセールスマン、営業マンのためだけのものではないか？」と思うものも少なくありません。

たとえば名刺の渡し方でも「相手の名刺より下から出しなさい」となっています。

もともと名刺の交換は、外国ではなかったものです。だからこれは、メイド・イン・ジャパンのものでしょう。

しかしこの差し出し方だと、最初に渡す側は相手より低いレベルになってしまいます。

もちろん相手の地位がわかっている際はかまいませんが、名刺の交換は、互いに何もわからないときに役立つものです。渡し方は1種類ではありません。

パーティに出ると、誰彼かまわず名刺を差し出して、交換を強要する人がいますが、そのときは「名刺を切らしています」と、受け取りを拒《こば》むこともできます。

また女性の場合は、男性から丁寧に名刺を渡されたからといって、あわてて渡すことはありません。近頃はこの名刺を悪用する人もいますし、しつこく電話や連絡がくることもあるので、むしろ2種類つくっておき、パーティなどでは、個人の住所や携帯番号の入ったものは、渡す必要はありません。

私も2種類の名刺をもっており、パーティの席上で見知らぬ人から求められたときは、プライバシーに配慮《はいりょ》したほうを渡すようにしています。

過度な丁寧さは、自分を低めてしまうことがありますので、注意しましょう。

大事なことは、

「この人は好もしいタイプだな」

と相手に思わせることであって、両手で自分の名刺をもって、うやうやしく相手に差し出すことではないのです。

人脈につながるルール 05

名刺を交換しただけでは何も始まらない

相手が支払う場では、席を外す配慮をしましょう

マナーの中でも最高にむずかしいのは、お金の問題です。

誰でも人生を渡る中で、お金に困ることは何回、何十回とあるものです。収入が多いから借金はない、というものではありません。収入に関係なく、金銭に困ることはいくらでもあるものです。

こんなとき、他人から「借りる」という選択が出てきます。しかし友人から借りるときは、それで友情がとぎれることを覚悟しなければならないでしょう。

なぜなら貸すほうも借りるほうも、確実に返却される、返却できるとは思えないからです。それだけに最高度のマナーが、どちら側にも必要になるのです。

私はたとえ破産しても、友人からは借りないほうがいいと思っています。たとえ友人が出世

頭、大富豪であったとしても、金銭の貸借《かしかり》は別です。

マナーの本の中には「誠心誠意をもって借りよう」とか「利息を多めに設定する」「期限をはっきり明示する」などと書かれているものもありますが、どれも友情を守る完璧性は見当たりません。

またこういう大きな問題でなくとも、大勢で集まったとき、会費を支払うケースがあります。こんなときに「大きなお札しかない」とか「こまかいお金がない」などという人は、完全にマナー違反です。

その日に会合があることがわかっていたら、およその会費は推定《すいてい》できます。それにもかかわらず、用意していかない人は、周囲から「気が利《き》かない」「お金にケチ」という、悪い印象をもたれることもあるでしょう。

あるいは、会費を集める人が「まだ払ってない人いませんか？」といってから払うタイプもいます。これも大きなマナー違反で、みんなからいい印象はもたれません。

またレストランなどでご馳走《ちそう》になったとき、支払う人のそばに立っているのも違反です。なぜなら、もしかしてその人は、領収書をもらうかもしれないからです。

人脈につながるルール
06

会費を払う場面では一番に払う

ご馳走になった側においては、支払う人が領収書をもらうもらわないには、まったく関係ありません。それをそばにいて、監視されているように相手に思われたら、その後つき合ってもらえないかもしれません。

相手にはそれなりの理由があり、領収書が必要だったのかもしれません。それを「領収書をもらったのだから、ご馳走になったわけではない」などと思うようでは、もうつき合ってもらえないでしょう。

いや、その人ばかりでなく、今後人脈がつくれる見込みはないでしょう。

相手が支払っているときは、一歩早く外に出て待っているのが礼儀です。そこで丁寧にお礼をいうのが真のマナーです。

第2章

人脈につながる「日常の教養」

知識に貪欲《どんよく》な人間はマナーもよいものです

どんなに挨拶の仕方がよくても、名刺の交換がよくできても、肝心《かんじん》の会話ができなければ、親しくなれませんし、信用されないでしょう。

それは就職試験でも同じです。

ドアの開け方、挨拶の仕方、椅子の座り方……ここまで満点なので、これは金の卵ではないかと期待すると、まったく裏切られる。これは多くの企業の面接側が経験していることです。

私はときどき幕末の志士、坂本龍馬を思い起こすことがあります。彼は高知県の片田舎の郷《ごう》士《し》の家に生まれています。

その彼が、なぜ若くして、多くの一流の学者や武士たちと、同等の話ができたのか、格式の高い大名家になぜ20代で出入りできたのか、不思議でならないからです。

特別礼儀作法が正しかった、とも思えませんし、言葉も、高知の方言が残っていたでしょう。それにもかかわらず、龍馬は大歓迎されたのです。

その理由は、彼が少年のときから出入りしていた、遠い縁者である船問屋《ふなどんや》で仕入れた海外の知識だったと、私は想像しています。

その船問屋、下田屋には世界地図や数々の輸入品があり、龍馬はそこで、長崎や下関からもってきた海外の珍しい土産《みやげ》話を見たり聞いたりしていたのではないでしょうか？

これらの知識と情報は、今日でいえば世界各国の最先端のものであり、とくにＩＴ関係に匹敵する、のどから手の出るくらい欲しい研究だったかもしれません。

つまり、マナーがしっかりしているのは当然として、それ以外に「この若者には魅力的な専門的知識が備《そな》わっている」と思われることが重要だと思うのです。

でもこういうと「私にはムリだ、そんな知識はない」という人もいるでしょう。

その場合には、知識を欲しがるタイプに見せればいいでしょう。

「知識を教えてください」

という態度や姿勢を示す若者は、いつの時代でも上級者に可愛がられますし、認められるものです。なぜなら若いのですから、知らなくて当然であり、むしろ知らないでいることに、平然としている若者が嫌われるのです。

不思議なもので向学心の強い人は、最初のうちは無作法でも、そのうち礼儀正しくなるものです。なぜなら教えを受けるという姿勢は、礼儀に叶っていなければならないからです。

教えを受けに通うのに、毎回遅れていけるでしょうか？　だらしのない服装や言葉を使えるでしょうか？　お礼をいわずに帰ってこられるでしょうか？

「自分はマナーの基礎を知らずに育った」というふうに思っているとしても、学ぶ姿勢さえしっかりしていれば、知らないうちに、すばらしい対人関係がもてるようになってくるものです。

人脈につながるルール
07

学ぶ姿勢が、その人の生き方の姿勢になる

マナーの常識08

敬意を込めた演技力が注目されます

船井総研を一代で築いた船井幸雄氏は、新入社員に〝演技力〟の大切さを説《と》いたといいます。

「一生懸命あなたの言葉を聞いています、というその態度、姿勢が大事なのだ」といいつづけたのですが、まさにこれは演技力です。

「メモをとるときは、相手の目を見て、うなずきながらとるんだぞ」

とも教えたようですが、これもただメモをとるだけでは、相手の心に響きません。

なぜなら顔も上げずに、ペンだけ動かしているのでは、速記者《そっきしゃ》と同じだからです。

このとき、相手の目を見て、ときどきうなずきながらペンを走らせていたら、その新入社員は注目されるでしょう。

いわばこれは、話をしているほうに対しての礼儀であり、上級マナーです。

私たちはマナーというと、1対1か、少人数の間での礼儀と思いがちです。しかし船井幸雄氏の教えのように、セミナーや講演会の演者に対して、目力を加えてうなずくのも、すばらしいマナーなのです。

メモはしっかりとれないかもしれませんが、その熱心な態度は、講師の心をしっかりつかむでしょう。

人脈を広げられる人、とくに上級者の目に留まる人というのは、こういうところが、一般人と違うのです。

船井氏の直弟子だったコンサルタント、佐藤芳直氏によれば「目の前の人に喜んでもらう」ことに専念するように教えられたといいます。

エレベーターまで客を送るのは当然として、どうせなら、エレベーターに一緒に乗り、ビルの外まで見送れば、名前も顔も覚えられる上に、喜ばれます。

それもエレベーターの中で、天気のことでも何でもいいから話せば、必ず相槌《あいづち》を打ってくれます。

ただし、そのときに「先生に一つ質問があります」などと、むずかしいことをいってはならない、とも教えられたようです。

たしかに、ときどきこういう若者がいますが、これでは嫌がられるだけでしょう。そんな大事なことを、エレベーターの中や、歩きながら話せるわけがありません。

つまり上の人を喜ばせるのは、若い人の「無私《むし》の行い」です。自分を認めてもらおうという心が少しでも入ったら、その時点で縁は切れるのです。

これはどんな場合でも同じでしょう。私たちは日々多くの人と会っていますが、それらの人の心の中、頭の中まではは、瞬間的にわかりません。

わかるのは行動であり、挨拶言葉です。それによって外側だけでも、理解してもらわなければならないのです。それがマナーであり、演技力です。できるだけ敬意を込めた演技をしようではありませんか。

人脈につながるルール 08

目の前の人に喜んでもらう

六輝《ろっき》を知っておくと喜ばれます

私は若い頃、社長の出席した会議で、

「今度の大安はいつかな？　あとで六輝を調べておいてくれないか」

といわれたことがあります。

「承知しました。すぐあとでお持ちします」

と私は答えましたが、周りにいた先輩は驚いたような顔で私を見ました。「ロッキ？」といわれても、意味がわからなかったのです。

ふつうは「六曜《ろくよう》」というところを、別の表現の「六輝」といったので、先輩たちもわからなかったのでしょう。私は学生時代から占いに凝《こ》っていたのですぐわかりましたが、じつはマナーの中には、この六輝も入っています。

六輝とは——。
日による吉凶占いです。

先勝——「せんかち」「せんしょう」と読みます。午前は吉ですが、午後は凶
友引——「ともびき」。昼だけ凶。この日に葬儀を行うと死者の道連れにされるので一般的には避ける
先負——「せんまけ」「せんぷ」。午前はよくないが、午後は大吉
仏滅——「ぶつめつ」。仏も滅ぶというほど悪い凶の日。とくに開店、移転、開始はよくない
大安——「たいあん」または「だいあん」。婚礼をはじめ、もろもろのことに大吉の日
赤口——「しゃっこう」または「しゃっく」。何事をするにも凶。ただし正午のみ吉

私たちの多くは、めったにこの六輝など目に留めませんが、それでも結婚式となると、大安の日を選ぶ人が多いでしょう。
また葬儀となると、友引の日はよくありません。葬儀場もこの日に休むところがあるはずで

す。

ところが年齢の上の人や、大企業、とくに古い商家となると、このほかの日も、厳密にこの六輝に従います。

私の経験したことでは、ある京都の大店《おおだな》に伺うというときに、

「明日は先勝なので、午前中に伺ってください」

と、上司から注意を受けたことがあります。

「そんなことに意味があるのか」と思いましたが、縁起のよい午前中に来たということで、話がトントン拍子で進んだのです。世間は広いということです。自分の常識とは違う常識があることを知っておきましょう。

元に戻りますが、社長は何か祝い事をするので、大安の日を知りたかったのでしょう。

ちなみに、六輝は先勝から赤口まで先に書いた順序でめぐりますが、旧暦の毎月朔日《ついたち》（一日）に新しく始まります。

それぞれの「朔日」の六輝は次の通りです。

「正月朔日」「七月朔日」――「先勝」
「二月朔日」「八月朔日」――「友引」
「三月朔日」「九月朔日」――「先負」
「四月朔日」「十月朔日」――「仏滅」
「五月朔日」「十一月朔日」――「大安」
「六月朔日」「十二月朔日」――「赤口」

今月の旧暦朔日はいつなのか、右のルールを把握しておけば、六輝はそこから循環していきます。

手帳に記しておいて損なことはありません。

人脈につながるルール 09

日の吉凶を活用して運を招く

茶道を習っておくと、頭が低くなります

かつて某老舗《しにせ》百貨店の社長になった方がいました。社長になる前は宣伝部長を務めていましたが、この方は「傲岸不遜《ごうがんふそん》」というか、常に人を見下した言葉遣いをされていました。けれども私は、この人をそれほど嫌ってはいませんでした。というのも、相手が上位だと、急に態度を変える人が多い中で、彼だけは誰に対しても同じだったからです。私にはそれが快《こころよ》かったのです。私に対してもぞんざいなところがありましたが、私もそれに合わせて、社長といえども正式なマナーの道を踏みませんでした。でも、それがお互いの親近感につながったように思います。

彼はトントン拍子で出世して、最後は社長にまでなったのですが、このとき彼に追い出される形で、他の百貨店社長に座った人物がいました。

私はこの人もよく知っており、古巣にどういう態度をとるのか見ていたのですが、こちらは、自分を追い出した社長の悪口ばかりだったのです。

考えてみると、どっちもどっちであって、もともと百貨店の役員クラスは、いばっていられるポジションなのかもしれません。

この世の中には、企業体の大小にかかわらず、いばっていられる業種というものがあります。仕事を発注する側がそれです。

いまのテレビ局がそれであって、発注される側のプロダクションや制作会社は、いつも頭を下げていなければなりません。

しかし誰でも一生、いばれる立場で仕事を終えられるとはかぎりません。

反対に、頭を下げ通しの人生がつづくとも、かぎらないものです。

マナーというのはときとして、立場が変わったときに活きるもの、という考え方もあります。どんな有利な立場に立っていても、丁寧に接する、腰を低くする、相手の気持ちを傷つけないようにすれば、かりにいつか自分が逆の立場に立ったとき、その相手から救われることもありうるのです。

それを期待して、マナーをよくするわけではありませんが、人間は人生の最期のときには「起きて半畳、寝て一畳」で暮らすことになるのです。

それこそ誰でも死ぬときはベッドの上であり、死ぬ前に起き上がったとしても、半畳の広さから出られません。そう考えれば人間は小さいもの、という考え方もあります。

マナー、礼儀というものは、自分を小さく見せる規則といっても過言ではありません。

茶室のにじり口を思い起こせば、よくわかります。

千《せんの》利休《りきゅう》のつくった茶室は二尺二寸（約66センチ）四方ほどの入口です。ここでは誰でも正座する形でしか入れません。私も一度入らせていただきましたが、苦しいほどです。太閤秀吉《たいこうひでよし》でさえも、頭を下げながら膝で進まないと入れないのです。

もちろん仕事上では、上位者は命令権がありますし、それなりの威《い》があって当然です。

しかしそれが飲み屋にまで持ち込まれたら、誰でもイヤになるでしょう。腰を低くするために、茶道を習うのは本筋ではありませんが、人によっては大きなプラスです。

人脈につながるルール
10

有利な立場にあるときほど腰を低くする

マナーの常識 11

文化的雰囲気に浸《ひた》ることでワンランク上の自分になれます

ヨーロッパ観光の際、王侯貴族《おうこうきぞく》の宮殿や邸《やしき》に行った人は多いでしょうが、天井の高さに驚いた経験はないでしょうか？

これは単に、部屋が大広間だから高い、というわけではなさそうです。

上位の人は、天井の高い部屋に住んでいるのがふつうです。

いま大企業に行って、社長室に通されると、他の部屋より天井が高いと思いませんか？

一般人は天井の高い部屋に案内されると、心が萎縮《いしゅく》するといわれます。

マナーを軽んじている人でも、この部屋では急に縮こまってしまうものです。

そこでマナーを教えるときは、ふだんの部屋や場所ではなく、天井の高い古い建物がいい、といわれます。

テーブルマナーを教えるときも教わるときも、その辺の教室ではなく、お金がかかるにしても、現場の一流といわれるホテルなどで食事をすること。

こういう場所では、ナイフやフォークをガチャガチャさせられませんし、スープも音をたてて飲めなくなります。教えなくても、本人が必死で覚えようとするでしょう。雰囲気がそうさせるのです。

これは外国語習得の方法と似ています。

日本で語学の学校に行くより、外国に行けば、いっぺんにしゃべれるようになります。しゃべれなければ、生活できないからです。外国や外国人の雰囲気が、こちらの生き方を変えさせるのでしょう。

私は若い頃には、マナーをよく知りませんでした。そのことで、ある作家からお叱りを受け、出入り禁止になったことがあります。

そんな私でしたが、週刊誌の編集長になったとき、当時の光文社の社長だった神吉晴夫《かんきはるお》から、お祝いにスーツを贈るから、「銀座の○○屋という洋服屋に行ってこい」といわれました。

30代になったばかりの私は大喜びで行ったのですが、そこで生地の選択、採寸される雰囲気に圧倒され、高級な洋服を着るということは、大変な文化なのだ、と知らされたのです。

極論すると、この一着のスーツを着たことによって、私はガラリと変わったのです。

姿勢もよくなりましたし、どなたと会っても、対等に話ができるようになったのです。

もちろん、どんなホテルに行っても、堂々とふるまえるようになったのです。

「宝塚の水で顔を洗うと、三日でタカラジェンヌになれる」

という言葉があります。

雰囲気をつくる、雰囲気に浸ることが、いかに大事かを、私は知ったのです。

これは単に値段が高価、というのとは違います。

その店のもつ文化的雰囲気といえるでしょうか。スーツを着るというより、文化をまとった、といったほうが正しいかもしれません。

雰囲気を身につけることで、ワンランク上昇することができるのです。

人脈につながるルール
11

文化を知ることでマナーがよくなる

マナーの常識 12

小さなマナーにこだわらない余裕をもちましょう

たまには、ふだんとまったく違った生活をすると、教養が広がります。

作家の中には、和服を着て仕事をする人が意外に多いものです。私もたまに和服姿になりますが、本音をいうと、あまり仕事をしやすいとはいえません。

ではなぜ彼らは和服を着るのでしょうか？　もちろん中には、歴史時代小説を書いているので、現代風のジーパン姿より、人物表現がしやすい、という一面もあるでしょう。しかし現代小説、なかでも恋愛小説の書き手だった渡辺淳一のように、銀座に出てくるときも、和服、という人もいました。

私はこう考えています。

作家というのは、何人もの主人公を書き分けなければならないので、自分自身も、他人化しているのではないでしょうか？

こうすると、ふだんの自分とまったく異なる人間が描けるのだと思います。そしてその人間を描くために、新しい教養が必要になってきます。

女性の場合は、そんなことをしないでも、日々ファッションを変えていますし、ときには、豪華な訪問着やドレスを身にまといます。

すると訪問着を着たときのマナーや、ドレスのときのマナーが必要になります。ところが女性は、驚くほどエレガンスなふるまいや、身のこなし、会話を、ほとんどの人ができるのです。

それは結婚式で、ウェディングドレスを着たときの女性を見ればわかるでしょう。

ふだんの彼女はどこに行ってしまったのか、と誰でも驚くに違いありません。

女性は夢の世界に入れるのです。しかし男性はよほど変化するつもりにならないと、別人格にはなれません。

心理学でも、女性は同年齢の男性より早く大人になる、といわれています。それこそ赤ちゃんを産んだ瞬間から、母に変身してしまいます。

ロシアの短篇作家、チェーホフの名作『可愛い女』を読むと、夫や恋人が変わるたびに、新しい女になっていく姿に驚かされます。

高校の同窓会に行くと、当時は目立たなかった女子生徒が、近づくこともできないほどの教養深げな淑女《しゅくじょ》になっていることがあるはずです。

あまり直接的なマナーを考えるより、いつもの自分ではない別人格になるほうが、早く高みに達することができるのです。

他人を目標にしてもいいし、ビジネス書、歴史書を読んでもいいでしょう。セミナーを受けるのもいい方法だと思います。

それだけで、一格上がった自分を感じとることが必要でしょう。挨拶の仕方一つでも、これまでよりゆったりできるし、ちょっとした雑談にも加われるのではないでしょうか。

この雑談に加われれば、ゆとりができますし、マナーにも余裕ができてきます。パーティなどでも、ポツンと1人でいることもなくなるでしょう。

人脈につながるルール 12

一格上がった自分を感じとる

マナーの常識 13

マナーは時代の変化とともに変わっていくものです

一時代前の教養と現在の教養では、大きく異なります。

昭和の時代は「リベラル・アーツ」が中心で、文芸的な知識に重きが置かれていました。

それこそ「中央公論」「文藝春秋」「新潮」などといった雑誌を読んでいたら、りっぱな知識人で、だからこそ「言葉」が大事であり、いまでも手紙を正しく書くことが、マナーの基本になっているほどです。

もちろんまだ昭和の匂いをもっている知識人が多いので、和風のマナーなども大事にされていくでしょうが、将来は大きく変化していくに違いありません。

それというのも、日本式マナーでは通用しなくなるからです。

現代はすべて欧米式に変わりつつあり、できれば欧米式の教養を、しっかり身につける必要があります。

では一口に欧米式といっても、どのように一般教養が変わっていくのでしょうか？

たとえば、次のことを意識することで教養の基礎がわかります。

（1）「書く」より「話す」
（2）「座る」より「立つ」
（3）「1人」より「家族」
（4）「貧乏」より「豊かさ」
（5）「遅い」より「速い」
（6）「ルーズ」より「正確」
（7）「四角」より「丸」
（8）「過去」より「未来」

まず（1）は、「手紙の書き方」より「会話の技術」が重要だということです。手紙は「文章のマナーより、文意がわかればいい」くらいになるかもしれません。

むしろそれより、会話のマナーが一層大事になります。

同じように「座るマナーより立つマナー」が大切というのが、（2）です。

会議もテーブルでするより、立ったままになるからです。すると、立つ姿勢や位置が大事になります。

（3）は、昭和と平成の大きな違いといってもいいかもしれません。日本式だと、家族を置いてけぼりにして、1人で夜でも行動しますが、むしろ家族を含めたパーティが喜ばれるようになります。するとそこに新しいマナーが発生します。

（4）の「貧乏」より「豊かさ」では、富豪とのつき合いのマナーが重要になってきます。

（5）の速さ、（6）の正確さなどは、これらの人たちとつき合う上で最低限守らなければならないマナーになるでしょう。時間にかぎらず、仕事でもスピードと正確さが求められます。つまり手紙でも、面倒な約束事は外して、スピードと正確さが大事なマナーになるのです。

（7）の「四角」より「丸」というのは、四角四面のしゃちほこばった物のいい方より、丸くて滑《なめ》らかな物のいい方が必要になってくるということです。

さらに（8）は、過去の歴史の知識より、未来の歴史に目が注がれるようになります。中国、韓国式の歴史中心主義は、これからの教養になりにくいかもしれません。教養にせよマナーにせよ、新しい世代は新しい認識をもちたいものです。

人脈につながるルール
13

いまの時代に合ったマナーを身につける

マナーの常識 14

マナーができなくても、教養のある人は尊敬されます

最近はサイン、署名時代です。それこそ町のラーメン店に行っても、壁に有名人の色紙が貼られています。旅館になると、有名人が客として泊まると、さっそく素焼きの皿にサインをお願いして、それを焼物として壁にズラリと掲げているところもあります。

いまがサイン、署名の時代だというのは、そうした有名人でなくても、私たちは日常、署名することがふえてきたように思います。

ところで、そういう署名をするときに、ときには毛筆を使わされることもあります。

私の時代は、小学校の頃から毛筆による習字が必修でした。いまになってそれが生きていますが、すぐれた人たちとつき合うようになると、毛筆で書けるほうが、断然有利になります。

これはマナーとまではいえませんが、お祝いや香典《こうでん》などの表書きは、毛筆を使うのが、一応

の礼儀になっています。「御霊前、御仏前」のときは、薄墨《うすずみ》を使わなければなりません。

また社会的な地位が上がっていくと、人前で文字を書くようになります。セミナーなどで、白板に書くのが当り前になってくるでしょう。

このときあなたは、次の易《やさ》しい文字が書けるでしょうか？

「田」「左」「右」「長」「成」「凹」「凸」

「門」「美」「重」「書」「国」

こういった簡単な字の書き順を間違えると、マナーと似通った間柄にある教養、それも基礎教養を疑われてしまいます。

面白いことに社会に出ると、マナーができなくても、教養のある人は必ず尊敬されるのです。反対に教養がないと思われたら、どんなにしっかりとマナーを守っても、「まだ未熟だな」と、評価されないものです。

一例をあげれば、女性でも、茶道や華道の免許をもっている人は、少しぐらいマナーを外しても、たまたま間違えたくらいにしか思われません。

同じように男性でも、毛筆を使える人は、それだけ高く評価されるのです。

私が以前、ある作家の家に初めて伺ったときのことですが、丁度、応接間に春の節句のお雛様を飾っている最中でした。

このとき先生は、右大臣と左大臣の飾り方で迷っていたらしく、

「きみはわかりますか？」

と不意に声をかけられました。

偶然その前日、私の家でも娘のために飾りつけたばかりだったので、

「向かって右が左大臣ではないでしょうか」

と答えたところ、それだけで、先生の信用をかちとることができたのです。

正しいマナーのことばかり考えないで、マナーと教養を併用するようにすると、むしろ信用は倍加する。毎日のように使っている「日常教養」を広げていくことが大切なポイントです。

人脈につながるルール 14

足りないマナーは教養でカバーできる

第3章

人脈につながる「サービス精神」

正しいマナーのつもりが、周りの迷惑になることもあります

ある会でのこと。それまでスムースに名刺交換が進んでいたのに、突然渋滞し始めました。よく見ると、列の中の1人が、バカ丁寧に名刺を差し出したり、受けとっています。本人はマナー本で読んだ通りにやっているのでしょうが、この男にはもう一つのマナーである「周りに迷惑をかけない」という大事な配慮が欠けていたのです。

こういうケースは、あちこちで見られます。

お互いに何度も頭を下げ合って、いつになったら頭を下げ終わるのか、と思うときもあります。

「お元気でいらっしゃいますか？」

「ありがとうございます。おかげさまで元気でおります。そちら様もお元気そうで、なにより

です」

「ありがとうございます」

というのを延々と繰り返して、挨拶がつづくこともあります。

「敬意をもって、どんなときでも丁寧に接し、心を尽くす」ことは、マナーの最低条件ですが、それには周りに迷惑をかけない、という前提条件があります。

マナーは一種の形式ですが、迷惑は他の人に不利益、不快さを与えることです。

この場合、形式が不快さを与えることになるのだとしたら、一時的にマナーを中止しなければなりません。マナーは当人同士のものであり、迷惑は他人に影響を及ぼすものだけに、他人を優先するほうが正しいのです。

よくある例に、道の真ん中でお辞儀をし合っていると、そこを通りかかる人たち全員に迷惑をかけることになります。

これは英語では「to cause trouble（トラブルを引き起こす）」で、迷惑とは、トラブルの原因になる、トラブルの元であるということがわかります。

こう考えると、マナーといえども、意外に頭を使わないといけません。ある病院のナースセンターで聞いた話ですが、見舞い客は一種のマナーとして、お見舞いの品をもっていきます。このとき見舞いの品として多いのは、花束や食料品です。もちろん現金もありますが、このとき鉢物は根つく（寝つく）という迷信を信じて、もっていく人は少ないようです。けれども匂いの強い花をもってくる人は案外少なくないそうです。

狭い病室では香りが強すぎると、病人によくありません。また相部屋だと同室の病人から、クレームがつくこともあります。

それで、これらの花は、ナースセンターに飾られることになるようですが、せっかくの「心を込めたお見舞い」に、迷惑が潜んでしまうのです。

果物や食料品も、病人の状況次第では迷惑になるので、マナー優先より、病人優先、付添人優先を頭に入れておくほうがよさそうです。

人脈につながるルール15

マナー優先より、現場優先を心がける

お客様の目を楽しませることがマナーの真髄《しんずい》です

ある経営者のご自宅に伺ったときのこと。

真夏だというのに、敷石や樹木に水が打たれていて、いかにも涼しげに私を迎えてくれたのです。

約束の時間のほんの少し前に、水を打ったに違いありません。私はこのとき思わず、石田三成《みつなり》の「三献《さんこん》の茶」の故事《こじ》を思い出してしまいました。

石田三成は豊臣秀吉の五奉行《ごぶぎょう》の一人にまで出世した大名ですが、寺で奉公《ほうこう》していた小姓《こしょう》時代に、秀吉がその寺に立ち寄りました。鷹狩《たかが》りの帰りで、のどが渇《かわ》いたからです。

このとき三成は、最初に大ぶりな茶碗にぬるめの茶を差し出し、「もう一杯」と所望《しょもう》した秀吉に、今度はやや小さめの碗に、やや熱めにした茶を出したのです。

秀吉はこれを見て念のため、「もう一杯」といったところ、３杯目は小ぶりの碗に、熱く点《た》てた茶を差し出したそうです。

相手の様子を見て、その欲するものを出す。こうした所作《しょさ》ができる小姓を、秀吉は即座に家来にして、城に連れ帰ったわけですが、その小姓こそが後の石田三成でした。

似たような逸話で、千利休が茶道の大家、武野紹鷗《たけのじょうおう》の弟子であった頃のことです。大切な客を迎える直前になって、

「お前が行って、庭がきれいになっているかどうか、確かめてきなさい」

と命じられました。利休は与四郎と呼ばれる、まだ13歳の少年でした。

高弟《こうてい》が大勢いる中で命じられた与四郎は、帰ってきて、

「ちょっと手を入れさせていただきました」

と報告しました。

紹鷗は興味を抱いて、庭を見に行ったところ、美しく掃《は》き清められた庭の白砂に、紅葉が散り敷かれていたではありませんか。

与四郎は木に登り、折から紅葉してきた楓《かえで》の枝を揺すって、葉を白砂の上に散らしたのです。

このとき紹鷗は与四郎を呼んで、その理由を聞いたところ、この少年は、

「掃除とは、単にきれいにすることではなく、お客様の目を楽しませるものでなくてはならない、と考えました」

と答えたといいます。みごとな答えで、マナーの真髄を表しています。

最初に戻って、真夏の日差しを和《やわ》らげようと、庭に水を打って迎えた姿勢も、利休の考え方そのものです。

そのとき私が夫人に教えていただいたところでは、1度水を打っただけでは、涼しくならないとのこと。1時間ほど前に1回打っておいて、客が見える寸前に再度、水をまいたとのことでした。

三成の「三献の茶」ではありませんが、すぐれた人は「その言葉」の深い意味を考えます。

マナーも同じで、ただバカ丁寧にするだけでは、気持ちが通じません。

どうすべきか、どうしたら相手の心に叶うかが、真のマナーといえるでしょう。

人脈につながるルール
16

掃き清めるだけでは十分でない

お客様を迎えるマナーは、挨拶の前から始まっています

パナソニックの前身、松下電器産業は、経営の神様・松下幸之助によって創業されています。この経営の神様は料亭に客を迎えるとき、自ら早めに行って、部屋を点検していました。マナーとは、客を迎えるときの挨拶で始まるものではなく、すでにそのだいぶ前から始まっているのだ、というのが幸之助の考えでした。

□座ぶとんが曲がっていないか?
□座ぶとんの前後、裏表が正しいか?
□エアコンが適温であるかどうか?
□煙草《たばこ》を吸う人の煙がどう流れるか?

最初にこの4点を調べたといいます。

何人かの客を迎えるとき、座ぶとんが曲がっていては見苦しいというのです。それに座ぶとんに前後ろ、表と裏があることに店のほうで気づかないこともあるので、そこに注意を払っていたようです。

念のためにいうと座ぶとんの「前」は、縫い合わせのない部分を指し、中央部に房がある場合は、あるほうが表側です。

いまはここまでわかる人が少なくなっているので、幸之助流のマナーと考えていいでしょう。ただ知っているといないでは、その人の教養、知性と関わりがあるだけに、どんな小さな知識でも知っておいて損はありません。

また幸之助は何人かの会合では、煙草の嫌いな人がいることを考え、エアコンの風の流れまで注意したのです。

これはまだ煙草の害がそれほど叫ばれていなかった時代だけに、その先見性に驚かされます。

私は現役編集長の頃、松下電器産業の大阪門真《かどま》の本社に何度も伺っていますが、そのうちの

1回は、松下幸之助指示によるご招待でした。

このとき、新幹線の切符は、

①進行方向を向いた席
②窓側
③富士山が見える側
④禁煙の席

――にしたいが、よろしいでしょうか？　という丁寧な電話を広報部から受け、正直びっくりしました。

「やはりこの会社は違う」と感じ入ったものですが、この気遣いこそ、マナーの本質だと思うのです。

マナーというと、なんとなく直接会ったときのもの、と誤解しがちですが、そのマナーは、あまり上質ではありません。というのは、正しいマナーを心がけていくと、どうしても緊張するからです。

緊張したまま話し合っても、結局は親しくなれないもので、それではマナーは意味をなしません。

お目にかかる前の気遣いや、手紙によるレベルの高さを示しておけば、会ったときのマナーは、ゆるやかなものでいいのです。

むしろマナーに反しても、一挙に親しみを示すくらいのほうが、うまくいくものです。

親しい知人、友人の少ない人は、マナーにがんじがらめになっている、といっていいかもしれません。

人脈につながるルール 17

マナーは、相手を大切にする気持ちがあればいい

マナーの常識18

時間のマナーは、待つ人をイライラさせないことです

作家の三島由紀夫は終生《しゅうせい》、約束の時間に遅れなかったことで有名です。

1970年（昭和45年）11月25日に、市ヶ谷の自衛隊に侵入し、割腹《かっぷく》自殺したことで、過激な右翼主義者と見られてしまいましたが、実像は豊かな常識人で、人を待たせることのない、優しい心遣いの持ち主でした。

彼が37歳、私が31歳のときに、作家と編集者として知り合ったのですが、最初の訪問ですっかり打ちとけた仲となったのです。

というのもその日、私は大田区馬込の三島邸の場所がわからないといけないと思い、運転手に、20分くらい前に到着できるよう頼んでいました。そしてゆったりした気持ちで、三島邸の周りを散策し、10分前に門のベルを押したのです。

ところがこの「10分前のベル」に、彼が反応したのです。

私はそのときまで知りませんでしたが、彼は約束時間の10分前に、現地に着いていることで有名だったのです。

これは彼の自決の日にも守られていて、彼の遺作として有名な『豊饒《ほうじょう》の海』の最終稿を受け取りに来た新潮社の女性記者も、約束時間ギリギリに三島邸に到着したため、直接彼の手から、最後の原稿を受けとることができませんでした。

私は偶然、10分前に初対面のベルを押したため、その後、兄弟のような関係になり、可愛がられたのですが、以後の8年間、外で会うときの彼は、1度として遅れたこともなく、むしろ私より先に着いているので、恐縮しっぱなしでした。

この彼の10分前主義は私にもうつって、いまもって、私を助けてくれています。これはいま企業で奨励《しょうれい》されている、5分前主義とも違います。こちらは正確に仕事を始めるためのもので、マナーや気遣いではありません。

三島由紀夫のそれは、他人を待たせない、迷惑をかけない、イライラさせないという、心遣いから出たもので、これによって会った瞬間から、温かい空気が流れるのです。

かりに約束の時間に1分遅れても、遅れた側は「申しわけない」と、詫《わ》びるかたちになって、最初から打ちとけるわけにはいかなくなります。三島由紀夫はそうならないように、考えたのかもしれません。

テレビによく映るので、誰でも必ず見ている閣議《かくぎ》の場面があります。

総理大臣は最高位ですから、大臣全員が起立して迎えるのがマナーです。このとき1人として時間に遅れる大臣はいません。実際にはテレビに映る場所は、閣議室に入る待合室なのですが、会議に遅れることのないよう、恐らく少し時間の余裕をもたせているのでしょう。政治家や閣僚ほど、時間を正確に大切にする人種はいないかもしれません。

私は現在85歳なので、どんな会合でも年齢的には一番上になるかもしれないので、約束の時間ギリギリか、ちょっと遅れるようにしています。これは年下の方が遅れた場合のことを考えた習慣ですが、時間は、本当に大切なマナーの原点でしょう。

人脈につながるルール 18

待ち合わせには「10分前主義」を励行する

マナーの常識19

宗教、政治、噂、勧誘の話題はルール違反です

人を楽しませるのがマナーであれば、不快にするのはマナー違反です。

では不快な感情を呼ぶ話題とは、どんなものでしょうか？

それは次の４点です。

一つは宗教の話題、二つは政治の話、三つ目は他人の噂、四つ目は勧誘です。

宗教の話題と他人の噂話は、女性に多いとされています。政治の話は男性が得意です。それに勧誘話は男女に関わりありません。

これらの話題を食事の最中にしたら、二度とその相手から呼ばれなくなるでしょう。

とくに最初の宗教の話題は、食事どきであろうがなかろうが、厳禁です。人は思いがけない信仰をもっているもので、自分が嫌いだからといって、宗教をけなしてはならないものです。

政治の話もそうです。どの政党、どの政治家を好きであっても、人から批判される筋合いはありません。

年配の男たちが集まると、政治しか話題がないのかと思ってしまうほど、必ず誰かが話し出します。この話で盛り上がることもあるでしょうが、マナーからいえば完全に違反切符でしょう。

また飲み会で社長や上司の批判をいう人にかぎって、仕事上では認められていないものです。かりにそういう人の会に誘われたら、できるだけ遠慮したほうが賢明です。

もし意見を求められたら「勉強中なので、よくわかりません」とか「意見をいえるほどの立場ではありません」と、柔らかく逃げておくこと。

その場で「お前というヤツは！」といわれても、聞き流しておくことです。「聞き流す」ことも、マナーの一つなのです。

これらの話題の中で、一番厄介《やっかい》なのが勧誘です。

勧誘といってもさまざまあり、それこそ商法からセミナー入会まで、日々変化しています。

これらはすべて、何人か集まった席ではマナー違反ですが、それを承知で話しかけてくる人もいるほどです。

かりにもしあなたが、これを実行しているならば、友人や仲間を失っていく危険性があります。

おつき合いとは、最低でも人に不快感を与えないことであって、それをマナーとしなくてはなりません。

それでも自由に席を外したり、帰れる会であれば許されますが、すでに会費を払っていたり、むやみに席を外せない会であったら、これらの話題や勧誘は最悪のタブーであると心得ておきましょう。

人脈につながるルール 19

厄介な話、困った話題は聞き流しておけばいい

マナーの常識20

相手について知ることで、マナーに心がこもります

本田健さんはお金の専門家として有名ですが、マナーの専門家といってもいいくらい、相手に自分の気持ちを伝える名人です。

たとえば講演会があるというとき、お花を贈ったとします。それに対して礼状を送る人は多いですが、本田さんの場合は、こちらが贈った花の写真を撮って、それに礼状を添えてくるのです。

こうされると、贈られた側のうれしい気持ちが贈った側に一層伝わってくるものです。

だいぶ昔の話になりますが、ときの女優さんたちから、「ぜひこの人に撮影していただきたい」と熱い要望を寄せられた写真家がいました。

松島進さんという女性美、裸婦《らふ》を専門に活動していた写真家でした。なぜこの写真家が女優

さんたちの人気を集めたかというと、独特のマナーの持ち主だったからです。

たとえば彼のスタジオに、ある有名大女優が来るとすると、その女優の好きな花を玄関に飾っておくのです。コーヒー好きの女優さんであれば、玄関にコーヒーの香りを漂《ただよ》わせておくほどに、気を遣うのです。

松島さんはこれを「女優さんに対する礼儀だ」と、まだ若かった私に教えてくれましたが、「マナーとは情報だ」とも話してくれたのです。

ほとんどの人は、マナーとは会ったときから始まると思っていますが、松島さんは、それでは遅いというのでした。

たしかにその通りで、その方が結婚したばかりであれば、お祝いの言葉と、なにがしかのプレゼントをするのはマナーです。

またその方の近親者が亡くなっていることを知っていたら、お悔《く》やみの言葉をいうのも礼儀でしょう。松島さんはそういう情報だけでなく、個人的な性格や好みを知っておくのが、本当のマナーだ、と教えてくれたのです。

そうした気遣い、配慮が女優さんたちの人気につながったわけですが、女優さんたちにすれば、そういう写真家に撮られる顔は、いつもより美しくなることを、よく知っていたのではないでしょうか。

私は28歳のときから女性誌の編集に携わってきたことで、女性専門家と呼ばれていますが、私の女性心理の師匠は、フランス文学者で作家の北原武夫という先生でした。

北原先生は、作家の宇野千代先生と結婚していただけに、女性に対してのマナーが洗練されていました。たとえば女性とレストランに入ると、彼女の椅子を引いて座らせたり、冬にはコートを後ろから着せるなど、みごとなフランス式マナーを実践して見せてくれたのです。

「マナーとは、女性を喜ばせるためにできたものだ」

と私に教えてくれたのですが、それが街を歩くとき、車道側に女性を歩かせなかったり、女性の歩幅に合わせた歩き方になっていました。男性たちは、こんなマナーを学ぶべきでしょう。

人脈につながるルール20

マナーはその場で始まるものではない

知っておくと得をする❶

クッション言葉の使い方

●依頼するとき

「恐れ入りますが」「恐縮ですが」

「勝手申し上げますが」「よろしければ」

「お手数をおかけしますが」

●反論、反対するとき

「お言葉を返すようですが」

「おっしゃることはわかりますが」

「ご意見はなるほどと思いますが」

「たしかにその通りですが」

●断る

「申しわけありません」「残念ながら」

「失礼とは存じますが」「せっかくですが」
「大変光栄ですが」「ありがたいお話ですが」

●報告、説明するとき

「おかげさまで」「遅くなりましたが」
「ご心配をおかけしましたが」
「申しわけありません」「誠に恐れ入ります」

●注意する

「ご遠慮ください」「お許しください」
「ご容赦《ようしゃ》ください」「お手数ですが」
「恐れ入りますが」

●援助する

「よろしければ」「私にできるようでしたら」
「お力になれるようなら」
「大したことはできませんが」

第4章

人脈につながる「ビジネスマナー」

マナーの常識21

相手の時間を大切にすることが話し方のポイントです

目上の人、上位の人、年輩の人は、誰でも忙しいものです。これらの人たちに対して、だらだらとしゃべっていたら、その一回で出入り禁止になるでしょう。禁止までいかなくても、評価がいっぺんに下がってしまいます。

私たちは常に、自分を中心に考えがちです。忙しい人に会っても、少しくらい時間をオーバーしてもかまわないだろうと、勝手に思ってしまいます。

しかし社長と社員では、時間給で考えても大きく違います。さらに社長はその大事な時間で、ほかの社の経営者とも会わなくてはなりません。

時間に対する向き合い方が、根本から異なるのです。

新聞によっては、首相の動静が出ていますが「○○氏と5分面談。△△大臣と10分」と、まさに分刻みです。

かつて私は「女性自身」編集長だった頃、ときの宰相《さいしょう》であった佐藤栄作、寛子夫妻に目をかけられて、公邸に自由に出入りできる立場でした。

あるとき、寛子夫人と応接間で話していたとき、廊下にがやがやした話し声が聞こえたと思うと、突然、佐藤首相が入ってきたのです。

記者団は「中にいるのはどなたですか？」と、殺気立《さっきだ》っています。

不意に官邸から公邸に移って、応接間に入ったので、誰かと密談を交《か》わすのではないかと、大騒ぎになったのです。

このとき首相はお茶を飲みながら、私と15分ほど雑談を交わして去っていきましたが、秘書官は誰と密談したのか、その場で立ち往生《おうじょう》していました。

私はこのときほど、時間の大切さを身に沁《し》みたことはありません。

首相が15分間話していたら、新聞の一面に出るほどの濃い内容の秘密会談になることを、初めて知ったからです。

この経験は非常に大きく、その後私は、上の方とお目にかかるときは「30分だけ」「15分だけ」

と、1時間を4等分して、15分刻みの約束をするようになりました。

これは忙しい経営者には、とくに好評でした。私は「時間の約束を守る」ことが、重要なマナーであることも知ったのです。

私のところに来る方も、ほとんどは時間に正確です。そしてそういう方は、ビジネスでもその後成功していきますが、時間にいい加減な人は、それほど伸びていないようです。

また絶対伸びないでしょう。なぜそれがわかるかといえば、その人自身の時間が高価値を生んでいないからです。

短い時間ですます話し方は、「結論を先にいう」という一点です。

結論を先に話しておけば、あとはいつ終えても問題はありません。

一見すると、この話し方はテクニックのように思えますが、じつはマナーなのです。誰の時間でも大切にするというマナーを心得ておけば、どんな人からも可愛がられることでしょう。

人脈につながるルール21

時間の約束を守る

マナーの常識22

相手のミスには気づかないふりをしましょう

大人の社会人は、マナー本の通りには動きません。もう少し高度なふるまいをします。

初歩のマナーでは「相手の話を真剣に聞き、真剣に答える」となっていますが、高度のマナーになると「聞こえないふりをする」ことも、重要になってきます。

あるいは、あいまいにうなずくことさえあります。それは、ときとして、相手側がマナーに反することを話したり、ふるまったりすることがあるからです。

そんなときは見て見ぬふりをすることも大切です。それを追求したり、笑ったりしてはいけません。

誰にでもミスはあるもので、それをあげつらうようでは、今度はこちらが笑われてしまいます。

とくに相手が高齢の場合には、聴こえないこともあり、その辺の注意が必要です。

かりに相手が間違ったことをいっても、それをいちいち直す必要はありません。高齢者は頭の中では正確に考えていても、それを口に出すときに間違えることは、いくらでもあるからです。

ましてその人と別れたあとで、

「もうあの人はボケている」

などと、絶対いってはならないものです。

それこそ本当にボケている人でも、まだらボケといって、しっかりした頭脳に戻る時間があるかもしれないのですから。

そこで、相手の意を汲《く》むことのできる人は、信用されることになります。

仕事のできる人は、男でも女でも、相手の年齢に気をつけます。

かりに現在、60歳以上の人に連絡するときは、メールより、電話やハガキ、手紙のほうが安全かもしれません。

初めての人で、会社の上位者に連絡するときは、秘書室か広報室にメールするのがマナーです。

また上位の個人に何かお願い事をするときは、封書がマナーです。

電話も人によっては、やめるほうがいいでしょう。

仕事のできる人は、相手に連絡するもっともいい方法を調べるものです。

少し前であれば、パソコンから連絡を入れるのがふつうでしたが、いまはパソコンを使わない人がふえてきました。

むしろスマホのほうが、連絡をとりやすくなっています。

私はフェイスブックを多用していますが、これによって、相手側もフェイスブックを使っていることが、わかることもあります。

極端な例をいえば、このフェイスブックに書いている内容によって、その人の学歴や教養、あるいは得意分野や、好き嫌いまでわかるのです。

うっかりすると、こちらの教養のなさや、マナー不足が見透かされることだって、ないとはいえません。

ビジネスで成功している人の中には、わざとマナー違反をして、こちらの反応や対応を見る人もいるのです。
人間関係はそう単純ではありません。いや、単純なつき合いをしているようでは、レベルの高い人脈は広がらないでしょう。

人脈につながるルール
22

相手に恥をかかせない

マナーの常識 23

ボタンを一つかけることで敬意を払う気持ちを表現できます

近頃はノーネクタイでも許される傾向が多くなりましたが、初対面の場合には、ネクタイを締めるほうがマナーとしては安心です。

ネクタイのあるなしに関わりなく、もう一つ重要なマナーがあります。

それは、自分より地位の上の人の前に出るときには、スーツのボタンを、一つだけかけることです。

たったそれだけのことで相手に敬意を払う意味となり、相手はこちらを「できる男」と遇《ぐう》してくれます。

もしその人となんとしてもつながりたい、人脈の1人に加えてもらいたい、というなら、これを実行してみてください。

どんなに一生懸命な態度であっても、ノーネクタイで、上着の前を広げっぱなしでは、相手がすぐれた人であればあるほど、「こいつは二流の男だ」と、醒《さ》めた目で見ることでしょう。

このマナーを、逆に使うことができます。

お客様が来たとき、あるいはお客様のところに伺ったとき、それまで外していたボタンを、目の前でかけるのです。

これにより、客は自分を大事に扱ってくれていると認識できるので、満足することになります。

また、意外に知らないマナーの一つに、椅子の座り方があります。

応接間に案内されたときは、長椅子、つまりソファに客が座るのがふつうです。

ところが多くの人は、最初からソファの真ん中に座ってしまいます。しかしこれはマナー違反で、最初は入ってきた側の端《はじ》に、いったん座るのが常識です。

それを主人側が、「どうぞ、もっとこちらへ」というのがお互いの礼儀なのです。

ところが近頃は、客も最初から真ん中に座ってしまいますし、主人側も、礼儀正しく端に座っている客に、席の移動をすすめません。

私は客として伺った場合、そういうマナーを心得ていない主人だとすると、あまり深くつき合うことはしません。

なぜなら、そういう礼儀を心得ていない人は、よりすぐれた人とのつき合いがないからです。

「よきマナーはよき人脈とつながる」という言葉の意味は、そこなのです。

ところで自分のレベルは思いがけないところで顔を出すものです。たとえば、おいしいレストランの話になったときに、「あそこはいい」「ここはうまい」と、自分で判断するのは要注意です。

相手はもしかしたら、自分の舌より、はるかに肥えている場合があります。

相手の人は「そうですか」と、にこやかに聞いていても、腹の中では「レベルが低い」と思っているかもしれません。

まずは自分のレベルを知り、より高い相手に学んで成長していきたいものです。

人脈につながるルール 23

相手の前で自己判断はしない

「話す」と「しゃべる」では違うことを知っておきましょう

マナーというと、「苦手です」と考える人が多いようです。

「マナーが苦手」というより、「マナーなんて必要ない」という人がふえてきていますが、その理由を私は、年長者が尊敬されなくなってきたからだと考えています。

いまの時代は、年長者に教わることより、年長者が年下に教わらなければならないことが、多くなりました。

パソコンにしろ、スマホにしろ、新しいビジネスツールが急速に変化したことで、それには若者のほうが精通《せいつう》しており、そうなると、年長者と若い世代も、次第にタメ語、タメ口でよくなってしまいます。

さらに最近は、若い起業家がふえており、年輩者のほうが、それらの人々に対して、丁寧語を話す機会も多くなりました。

そうなると、年長者に対して「話す」というより「しゃべる」という感覚の人たちがふえてきます。

「話す」は「しゃべる」の丁寧語であり、しゃべるより語数が少なくなります。

タメ口が多くなってくると、考えなしにしゃべることがふえます。

元来「話す」ときは、相手の耳と目に訴えかけるものです。つまりそこには、目的がはっきり感じられます。「このことを話したい、聞いてもらいたい」のです。

そこで、「力強く、明確に、ゆっくりと」という話し方の3原則が必要になってきます。

これが話し方のマナーになるわけです。

これに対して、しゃべるときは考えがありません。だから量が多くなってきますし、そこで不必要なこと、ムダなことがふえるわけです。

それがダメだということではありません。そういうふうにしゃべれるから、仲間たちと打ちとけて話をすることができます。

また、これは女性の話術でした。会ってすぐに相手との距離を縮められる女性に共通しているのは、この話し方です。

ただし、ことに男性の場合、この「しゃべり方」だけでは、上への人脈につながっていきません。

大切な人に会うときには、一方的にしゃべるのではなく、話しつつ聴くという時間をもたなければなりません。

相手の話を傾聴《けいちょう》する、という態度が必要になってきますし、マナーとなるのです。

人脈を広げるときは、これが基礎となります。

マナーを心得た人ほど「また遊びにいらっしゃい」と歓迎されます。

大切な相手からこういわれたら、あなたの前途は、洋々と開かれたといって差し支えありません。

人脈につながるルール 24

「力強く、明確に、ゆっくりと」が話し方の大原則

マナーの常識 25

料亭などでのマナーが、その人の格を上げます

私は若い頃から雑誌編集者をやっていたため、作家や芸能人、政治家に連れられて、身分不相応な料亭やクラブに行くことも、少なくありませんでした。

その中に女優・朝丘雪路の母が女将《おかみ》をしていた料亭がありました。

この女将はまだ30歳になるかならないかの私を、ずいぶん可愛がってくださって、料亭での恥ずかしくないマナーを教えてくれたのです。

その中でいまでも忘れられないのは、

「靴下が下品にならないように」

という教えでした。

料亭では、玄関で靴を脱いだ人の靴下を見て、上客かそうでないかを一瞬で見抜くそうで、「ズボンに合ってない色の靴下だけは、はいてはいけない」と教えてくれたのです。

スーツに合わないソックスをはいている男なんて、めったにいないのでは？　と思ったのですが、そうではありません。

意外に多いそうです。

次に教えられたのは、

「あなたは一番若いのですから、皆さんの忘れ物がないか、必ずテーブルの脇や下を確認するんですよ」

これはすばらしい教えで、いまでも私は確認する習慣をつづけています。

３つ目の教えは、

「大事なお客様のときは、トイレから帰ってきたあと、自分もトイレに立って、忘れ物がないか調べること」

というものでした。

若い私はそのとき、「トイレに忘れ物などするわけがない」と思ったのですが、客の中には年配者もいるので、意外に眼鏡や名刺入れ、最近では携帯電話の忘れ物があるのです。

女将は非常に進んだ考え方の持ち主で、年配者には年配者のマナー、若い人にもそれなりのマナーがあるので、客側であっても、接待側であっても、それぞれ気をつけなければいけない、と教えてくれたのです。

人脈につながるルール 25

接待の終わりに忘れ物がないかを点検する

知っておくと得をする❷

御、ご、おの使い方

● 事物について

お紅茶　お花　お菓子　お風呂など、2音のものに「お」をつけると語調が整う

● 外国語の場合

おピアノ　おコーヒー　おパン　おカレー　おケーキなど、語数に関係なく、「お」をつけるのはおかしい

● 和語には「お」、漢語には「ご」

お考え（ご意見）　お名前（ご氏名）
お知らせ（ご通知）　お気持ち（ご気分）
お叱り（ご忠告）　お住まい（ご住所）
お招き（ご招待）　お勤め先（ご勤務先）
お仕事（ご商売）　お集まり（ご参加）

第5章

人脈につながる「ふれ合いの技術」

マナーの常識 26

大切なのは人間性を感じさせることです

だいぶ前になりますが、大臣がある県を訪問したとき、知事があとから応接室に入ってきたということで、その大臣が不機嫌になった、という小さな事件がありました。

このとき知事は「客には先に部屋に入っていただき、そのあと迎える側が入るのがマナー」といって、礼を失していないことを強調しました。

形式的にいえば、知事側のいい分のほうが正しいでしょう。一般論でいえば、客が応接室に落ちついたところに、主人側が顔を出すことになります。

私がこれまで訪問した有名人宅は、すべてそうでした。

しかしだからといって、これが正式なマナーであり、この迎え方さえすればいい、というものではありません。

これと似たケースで、会議に上司がいつ参加するか、というものがあります。

これもマナーからすると、全員が集まったところで、上司が入室する方式が一般的です。ところが会社によっては、社長を筆頭に、常に上司が先に席に着く、という方式をとっているところも少なくありません。

上司だからといって、最後に席に着くというのはいかがなものか、という考え方で、全員平等でいいのではないか、というわけです。

私もこの方式で、上司がなにも一番先に入室する必要はないが、そうかといって、最後に席に着くこともない、という考えを実行してきました。

これはマナーに、人間性を加える例の一つです。かりに大臣を迎える際、最初に玄関で知事が出迎えをして挨拶し、その後応接室に入室していただき、あとから知事が入ったとしたら、とても温かい雰囲気が流れたのではないでしょうか。

マナーの本質を理解している人は、いかに人間的な温かみを加えるかを知っています。

私が作家の松本清張先生の担当編集者だった当時、先生は私が訪ねてきたと知るや、すぐさま、2階の書斎から降りて応接間にやってきます。

ところがうれしさのあまりあわてててくるので、和服の帯がほどけて、私の前に立つときには、帯がありません。後ろから夫人が笑いながら、帯を拾いながらやってきて、帯を巻き直すのですが、これはマナーに反するでしょうか？

私はすばらしいマナーだと思います。むしろ、涙が出るほどうれしい迎え方ではないでしょうか。

「1分でも早く会いたい！」

その温かみが、前がはだけた姿になるわけですが、マナー大賞を差し上げたいくらいです。

というのも、帯をしっかり締め直せば、それ以外、マナーに外れたことは何もないのですから。

別の作家の例では、私の来るのが待ち遠しくて、酒一本を飲んでしまい、私が伺ったときには、酔って寝てしまった、というケースもあります。ほほえましい温かさではないでしょうか？

人脈につながるルール 26

正しい正しくないの前に大切なことがある

マナーの常識 27

手を揺さぶると心に響きます

マナーを一歩進めると、親密性が出てきます。マナーとは礼儀なのだから、そこまで考えなくてもいいのではないか、と思う人もいるかもしれませんが、マナーの真の目的は、味方をつくる点にあります。

ゴリラは知らぬ群れ同士が近づいた場合、戦いになる場合もありますが、リーダー同士が相手の肩に手を置き、揺さぶることで仲がよくなることもあるといわれます。

群れの仲間同士でも、出会った際に、同じような行動をとるようですが、手を揺さぶったり、肩を揺さぶると行為は、より親密さを示すことになるのでしょう。

握手そのものは、前にも述べたように、敵意がない、手の平に何も隠していない、という互いの証明であり、善意と平和を表しています。

しかしそれだけでは、いまの日本と韓国、日本と中国の関係みたいなものです。

実際、韓国の朴槿惠《パククネ》大統領も中国の習近平《しゅうきんぺい》国家主席も、安倍首相と握手は交わしていますが、ただ握っただけで、まったく手を揺さぶっていません。

敵意は感じられませんが、善意も感じられません。いかに握った手を2人が同時に揺さぶるか、それがシェイクの本質です。

なんであれ、どういう形であれ、揺り動かすと、感情が相手に伝わりやすいのです。かりに抱擁《ほうよう》し合っても、背中を叩き合ったり、身体を動かすほうが、相手に愛の感情が伝わりやすいでしょう。とはいえ、目下から動かしてはなりません。親密性を示すか示さないかは、上位者の気持ち次第ですから。

もし上位者から「よく来た」といわんばかりに、握った手を揺さぶってくれたら、歓待されている、親しさを示してくれている、と思って差し支えありません。

男女の場合は、男性が激しく握った手を揺すれば、もっと親しくなりたい、ときには愛を求めていることになります。

女性の場合は、軽くでも手を揺さぶったら、好意以上のものを感じているはずです。

このとき、男性からするのはマナー違反になるので、気をつけたいものです。握手にかこつけて、女性の手を両手で押さえつけることになるからです。

基本的に男性と女性の場合は、男性が下位になるのがふつうです。

女性から手を差し出さないかぎり、握手を要求できません。ムリに握手しようものなら、善意の関係ではなくなってしまいます。

日本式の礼儀作法でいうと、挨拶は頭を下げることですが、外国式だと、頭も目線も、絶対下げてはなりません。それだと対等でなくなってしまうからです。

かつて日本の野田首相が中国の胡錦濤《こきんとう》主席と会った際、頭を下げて目線を下に落としたことで、「屈辱的だ」と、激しく非難されました。これは当然で、野田首相は握手のマナーを心得ていなかったのです。

国際化した日本では、国内で日本人同士でも握手が一般化しています。その基本的なルールだけは知っておきましょう。

人脈につながるルール 27

握手するときには頭を下げない

マナーの常識 28

ふだん着の言葉遣いで温かみが出てきます

アップルの共同設立者の1人であったスティーブ・ジョブスは、あれだけの大企業でありながら、人間的な温かさと親しみを与えた経営者でした。

それはなぜでしょうか？

成功した経営者に多い、尊大なところが見えなかったからです。

その理由は三つあり、一つは英語という言葉によるものです。

二つ目は彼のシンプルな服装でした。

三つ目は笑顔です。

日本人とアメリカ人の違いは、まさにこの3点にある、といって過言ではないでしょう。

日本語は「自分」を表す言葉だけで20以上あります。

男性は誰でも「私」「僕」「俺」の3種類を使っていることでしょう。

ところが英語では「I」の1種類です。

「YOU」にしても「あなた、きみ、おまえ」とあって、そこに尊敬語や謙譲語が発生してきます。だからむずかしくなってくるわけですが、英語はその点、表現が一つだけに、とてもラクです。

スティーブ・ジョブスほどの大経営者でも、ふだん着の言葉遣いで、誰とでも話すので、温かみが出てくるのです。

ところが彼はもう一点、生前他の経営者にない習慣をもっていました。

毎日同じスタイルの服を着たのです。黒のタートルネックにジーンズ、それにスニーカーです。これによって、社員とのふれ合いができたといわれています。

日本の大企業となると、経営者は高価なスーツを着ています。

すると、社員はどうしても敬語を使わなくてはなりません。

経営者は社員から尊敬語を使われると、一段格上の位置に立つため、堅苦しいマナーが日常的になります。

スティーブ・ジョブスが毎日同じスタイルの服を着用した本当の理由は、「毎朝今日は何を着ていくか考えないですむ」というものだったといわれています。

理由はどうあれ、社内から面倒なマナーを一つ外しただけでも、故ジョブスの功績は大きいと思われますが、それだけでなく、社員とほぼ同じようなスタイルだったことで、社内に温かさを広げたのです。

服装をふだん着風にすると、笑顔も出やすくなります。

高級スーツを着ていると、大声でなかなか笑えません。

経営者からマナーを外すわけにはいかなくなってしまうのです。

マナーは必要欠くべからざるものですが、同時にマナーをゆるめることも大事です。

いまはネクタイを締めない職場もふえてきましたが、上司と部下がいかに人間的につき合えるかを考えることも大事です。

人脈につながるルール 28

服装をふだん着風にすると笑顔も出やすくなる

マナーの常識 29

社会的な場面では親しき仲にも礼儀を忘れてはいけません

一般論としていえば、他人と初めて会うときは、机なりテーブルを隔《へだ》てて座ることになります。

そして座る前に、名刺を交換するはずです。

この際、机を隔てて交換せずに、目下が目上に近づき、机の脇で目下側から名刺を差し出すのが礼儀です。

このとき、大きなテーブルで面と向かい合うと、マナーを重視する間柄になり、親密な仲にはなかなかなれません。

それは当然で、親密性には距離が重要だからです。

作家の三島由紀夫は、その辺をしっかり心得ており、客と会う場所を4ヵ所に分けていました。

まずふつうの客とは、玄関を入った応接コーナーで話します。

次にもっと親しくなりたい、という客とは、食卓で話そうとします。最初から食卓テーブルに座っていて「こっち、こっち」と手招きするのです。

さらに親しくなると、書斎の執筆デスクに招かれます。そして親友として秘密の話をするようになると、屋根裏とも覚しき部屋に招かれるのです。

じつにみごとな接客の仕方で、マナーにも一致します。

初めての客は応接コーナーで、名刺を差し出すことになり、正面から先生と面談する形になります。このときは互いに初対面の形式に則《のっと》って、話を進めるのです。

そしてここが重要ですが、この客とはそれ以上親密になれない、なりたくないという場合は、それから先も、この応接コーナーで話をする間柄がつづくのです。

たぶん、その客はそれが三島先生のふつうの応対であり、それで納得し、満足でしょう。

しかし三島由紀夫は、さすがに西洋式のふるまいに習熟していて、何も口で「親しくなりましょう」などといわずして、親しくなる術《すべ》を心得ていたのです。

これは「大から小」「広から狭」こそが、親密のマナーであることを証明しています。大きな部屋、広い部屋で会っていても、なかなか親しくなれないのは、社会的マナーを優先させなければならないからです。かりにホテルのロビーや大広間で会ったら、教科書通りのマナーを実行しなければなりません。「親しき仲にも礼儀あり」で、それは周囲にもマナーを働かせるということでもあります。ところが小さい部屋、狭い部屋になったら、礼儀より親しさが優先します。

ここが私たちの人間関係で、とても重要な点です。

人脈とも呼べる親しい仲間をふやすには、この三島方式を用いれば、うまくいくと思います。1回毎に次第に狭い部屋に、会う場所を変えたり、座る席を変えるよう、アイデアを考えるべきです。

人脈につながるルール 29

狭い部屋になったら礼儀より親しさが優先する

マナーの常識30

職場では座って迎えたのでは悪意となります

マナーのよい会社を訪問すると、座っていた社員がさっと立ち上がって、こちらに走り寄ってきます。

反対に職場空気の悪い会社では、こちらから「すみませんが」と声をかけてから、やっと立ち上がって、だるそうに歩いてきます。

この会社には、二度と来たくないなと思ってしまいますが、マナーのよし悪しで、ビジネスに大きな影響を与えそうです。

もちろん、用件を訊《き》くまでは、笑顔になる必要はありません。その客がどんな用件なのかもわからないからです。

その代わり――

（1）さっと立つ
（2）足早に近寄る
（3）用件を承《うけたまわ》る

この3点だけは守らなければなりません。

もしその客が会社にとって大事な人であった場合は、帰るときも、同じように立って挨拶するか、ときにはエレベーター前まで見送ることも必要になってきます。

ふれ合いの技術といっても、近づくだけが大切なのではありません。職務によっては、近づくことが許されていないこともあります。

しかし、すぐれた職場になると「お疲れさまでした」と声をかけるところもあり、立ち上がって目礼を送る会社もあります。

これらの職場は、どうやったら、会社を訪問した方に、親しみをもってもらえるかを、常々話し合っているのでしょう。

よく聞く言葉ですが、

「なんとなくあの会社は冷え冷えしている」

「温かい雰囲気の会社だね」

という正反対の感情は、恐らく社員1人ひとりの、ふだんの礼儀作法によるものではないでしょうか？

私が若い頃、よくやっていた方法ですが、人に会うとき、こちらの都合でどうしても遅れることがあるものです。

そんなときの私は、わざと走って汗をかいた姿で、ベルを鳴らすのです。

冬だったらコートを脱いで、息をはずませていれば、相手に「走ってきた」と思わせることができます。

これらは一種の騙《だま》しであり、けっしてほめられることではありませんが、少なくとも善意を示すことになります。それだけで、悪意をもたれることにはなりません。

新幹線が事故で、会議に間に合わなかった、という経験はありませんか？

こんなとき、「事故だから仕方がない」と、メールで「遅れる」旨《むね》を送ったらどうでしょうか？

マナー違反とはいいませんが、相手の心とふれ合うわけにはいかないでしょう。

このときは、「一列車でも早く乗ればよかった」と、電話で相手側に詫びたら、どうなるでしょうか？

マナー以上のマナーとして、相手側は好感を抱くでしょう。

好意を抱いていただくチャンスは、いくらでもあるのです。

人脈につながるルール
30

どうすれば自分の善意を伝えられるかを考える

マナーの常識31

同調ダンスを呼び込む話し方で相手との距離が縮まります

「アサヒビール中興《ちゅうこう》の祖《そ》」といわれた樋口廣太郎《ひぐちひろたろう》という名社長がいました。経団連の副会長まで務めましたが、惜しいことにまだまだという年齢で亡くなってしまいました。

私はこの樋口さんから、あるパーティで声をかけられ、その後、可愛がられるようになったのです。

どこで私の顔を見たのか知ったのか、あるとき、ホテルの廊下で、

「きみは女の専門屋さんやないか？」

と、あちらから話かけてきてくれたのでした。

「一度遊びに来い」というと、忙しそうにさっと去ってしまいました。たぶん私の本を読んだに違いありません。

突然こういわれても、なかなか遊びに行けませんが、運よく樋口さんにインタビューする仕事が入り、アサヒビール本社に伺う機会ができました。

このときの樋口さんの話の仕方に、私は目を見はりました。

応接室の椅子に座ると、ほとんどソファの背にもたれかからず、次第に前のめりになってくるのです。

それも自分が話をしているときではなく、こちらの話を聞くときだったので、私は非常に驚いたのです。

恐らくこれは私だけでなく、ほかの客の場合もそうだったに違いありません。

背もたれに寄りかかりながら話すのは、マナー違反ではありませんが、客との距離感が離れすぎて、親密にはなれません。

面白いもので、あちらが身体を寄せると、こちらの身体も前向きに近づいていきます。

これで会話がふれ合うのです。

同調ダンスという心理学的方法があります。

聞き手が話し手の言動に同調すると、意見の一致が多くなります。

かりに飲食店で、

「何をお飲みになりますか？」

といわれたとき、

「ではコーヒーを」

と、こちらがいったとしましょう。

このとき相手も、

「丁度よかった。私もコーヒーを飲みたかったんですよ」

と同調したら、なんとなくこの人と波長が合うな、と思いませんか？

歩き方でもそうです。

同じ歩幅、同じ歩調で歩く相手とは、話が一致しやすいものです。

最近では、足の悪い高齢者と、まったく同じ速度で歩く介助犬《かいじょけん》もいます。

この介助犬は大人気だそうですが、それは犬のほうから、人間にふれ合ってくる技術をもっているからでしょう。

樋口さんでなくても、私たちはいつどこでも、同調ダンスを使えるのです。

それは、現在のように国際化した社会のどこでも活用できるでしょう。

むしろ高度のマナーと呼べるかもしれません。

樋口さんを慕《した》う人脈は、非常に多かったといわれていますが、マナーと人間的魅力が一致していたからだと思うのです。

人脈につながるルール 31

背もたれに寄りかかっていては親しくなれない

知っておくと得をする❸

相手方に対する呼び方

●相手の父母

御尊父《ごそんぷ》　父君《ちちぎみ》　お父上《ちちうえ》　父上様

御母堂《ごぼどう》様　母上様　御母上《おははうえ》

御両親様

●相手の子ども

御子息《ごしそく》様　御令息《ごれいそく》　御子様方《おこさまがた》

御令嬢《ごれいじょう》　お嬢様　御息女《ごそくじょ》様

●相手のきょうだい

御兄上《おあにうえ》様　御姉上《おあねうえ》様　弟御《おとうとご》様　御令弟《ごれいてい》様

御令妹《ごれいまい》様　妹御《いもうとご》様

第6章

人脈につながる「男女間の作法」

無遠慮というマナー違反もあります

男性は女性に好感を抱かれようと近づきます。

女性も同様に、誰にもいい感じを与えようと男性に近づくものですが、これが意外にむずかしいものです。

男と女には性差というものがあるからです。

男はふだんから人に近づくのに慣れているので、初対面の女性にも、平気で近寄ります。

ところが女性には防禦《ぼうぎょ》本能があるので、初対面でズカズカ近づいてくる男性に、警戒心を抱くのです。

こうしてせっかく仲よくなれるチャンスがありながら、互いに相手を逃してしまうことも少なくありません。

このとき男も女も、一般常識、一般マナーとは違う、男女の心理マナーを知っておけば、互いに好感をもたれるし、もしかしたらぐっと親しくなれるはずです。

まず男性は初対面で、女性の半径1メートル以内の円内に入るのはマナー違反です。女性は男性の手でつかまれるのを恐れるからです。

そこで初対面のときは、ムリに近づかず、少し遠くから「初めまして」と声をかけること。声がけしなくても、目線で先に挨拶してもかまいません。

たったこれだけで、女性は安心します。だから初めから女性に握手を求めたら、絶対うまくいきませんし、第一、男性が最初から握手を求めるのは、ルール違反です。

女性心理の基本に「男性の大きな手」を気持ち悪く思うか、快く思うかは、初対面の距離感にある、といわれます。

それはズカズカと近づいてきて、握手を求めるような男の手は、一瞬で不快感をもつということで、話が楽しく終わって「ではまた」といいつつ差し出した男の手には、むしろ快く思うのです。これはマナーだけでなく、恋愛の第一歩になることだって、ありうるのです。

ある作家の言葉に、

人脈につながるルール 32

相手の背後の人脈にも配慮する

「男はしばしば愛するが浅い。女はまれにしか愛さないが深い」

というものがあります。

男はしばしば愛するがゆえに、乱暴であり無作法すぎるのです。反対に女性は、めったに愛の心をもたないがゆえに、慎重であり、一度好意をもったら、深い愛にまで達するのです。

そうだとしたら、男性は慎重に女性に近づいたほうが、断然トクです。

なにも恋愛関係にならなくても、深い好意をもたれれば、その女性から社会的に高度な人脈が、広がるかもしれないからです。

多くの男性は、その女性一人を見てしまいます。

ところがすばらしい女性は、背後に多くのレベルの高い信奉者《しんぽうしゃ》をもっています。その信奉者たちこそ、すごい人脈かもしれません。別にそういう人脈を狙うような卑《いや》しい心はもたなくても、女性に近づくときは最低でも、守備範囲にズカズカ踏み込まないことです。

マナーの常識33

男性の下品は女性に愛されません

スポーツの汗は爽《さわ》やかですが、男の体臭は同性でもイヤなものです。それも酒やニンニク、ネギの匂いがしていたら、女性は逃げていくかもしれません。

男性に比べて女性は匂いに敏感です。

「睡眠中でも嗅覚だけは働いている」というほどで、強い悪臭は大敵です。

「マナーは匂いから始まる」という学者もいるほどで、毎朝、前夜はどういうものを食べたかを、思い起こす必要があります。

これは女性も同じことで、狭い部屋で働く人は、ことに強い香りのしない化粧法にすべきです。

以前私の職場に1人、強い香水を使う女性社員がいました。

その日は狭い会議室で打ち合わせがつづいたあと、お通夜に出かけたのですが、そこで葬儀の関係者から、「いい匂いですね」と、いわれてしまったのです。

そればかりではありません。友人から「女性の部屋から来たのか？」といわれ、恥をかいてしまいました。女性社員が隣りに座っていたので、香りが移ってしまったのでしょう。

また暑い季節は、汗のかきやすい男女は、とくに注意しましょう。

相手によっては、香りに敏感な人もいます。近頃は煙草の匂いを嫌う人が、相当ふえています。

愛煙家の中には我慢できず、相手に会う直前に、喫煙室に入る人も少なくありません。ところが狭い部屋にたまたま大勢入っていると、髪の毛から洋服まで、煙草の匂いが染み込んでしまい、相手はそれをすごく嫌がるのです。

これが自宅訪問となると、夫人があからさまに嫌がることさえあり、これでは人脈の一人に加えてはもらえません。

似たようなことで、食事の仕方が下品だ、というので敬遠される場合もあります。

逆に蟹《かに》や鮎《あゆ》の食べ方が上手だというので、女性から喜ばれることもあるのです。

女性はレストランや料理屋で、一緒にいる男性が上品であれば、自分の格も上がるので、喜ぶものです。

蟹と鮎の食べ方はむずかしいものです。これを一流料理屋で巧《たく》みに食べることができたら、どんな女性でも好感をもってくれるでしょう。それだけ社会的に上位の男性だと思われるからです。

人脈につながるルール
33

いい香りでも、その場にふさわしくないものもある

念のためにいえば、女性と一緒のときは、男性はハンカチを一枚用意しておくのがマナーです。何かのとき、その一枚のハンカチを、女性に渡すことができるからです。

カフェなどでは、ナフキンが出るとはかぎりません。

白いスカートをはいていたら、男性の一枚のハンカチが、恋のきっかけになるかもしれません。

謝れば許してもらえるとはかぎりません

嫌われる女性の第一は、謝れば許してもらえるというタイプでしょう。

「すみません」「申しわけありません」と口先で詫びれば、男性は甘いので、何でも許されると思っているのかもしれません。しかしそれは、正しくいえばマナー違反です。

言葉は万能ではありません。似たような例で、男性に食事代を出してもらったとき、「ごちそうさま」の一言ですませる女性もいます。

たしかにこれでお礼はすんだのですが、ではそれで相手に好感をもたれたでしょうか？

大勢の人に可愛がられ、認められる女性は、そこでもう一歩踏み込みます。

「今日はご馳走になるな」と思ったら、あらかじめ、小さな品でいいですから、手土産を用意しておき、「ごちそうさま」の言葉と一緒に、それを出すのです。この愛らしいマナーが、男性の心をくすぐるものです。

ただし、お詫び、謝罪で伺うときは、土産は持参しないこと。そのときは誠心誠意、態度で申しわけなさを示さなければなりません。

許していただけたら、その翌日に謝罪の心を表す品を届けることです。

「二度手間」にすることで、相手の心をとかすのです。

これでわかるように、認められる人は、男女に関わりなく、手間ひまを惜しまないこと。その上にアイデアが豊かであること。そこに共通点があります。

以前私がまだ現役の週刊誌編集長だった頃、一人の優秀な女性編集者は、作家のエッセイを読み込んで、その作家がどういうものが好きかを、常に調べていました。

私が手土産に悩むときは、彼女に訊けば、たちどころに教えてくれるほどでした。

エッセイには、プライベートなことを書くものです。もちろん小説の中にも、好きな食べものを巧みに書き込んでいく作家もいます。これらを彼女はしっかり記憶しているので、どの作家にも好感をもたれたものです。

結局彼女は、ある直木賞作家と結婚しましたが、ほかの女性編集者にない長所に、その人気作家が惚れ込んだのだと思います。

念のためにいうと、女性だからといって、いつでもレディファーストだと、カン違いしないことです。

たとえば男性が重い荷物をもっているときや、両手がふさがっているときにエレベーターに乗るとしましょう。こんなときでもレディファーストが当然、という顔をしたら、たちまち嫌われてしまうでしょう。

真夏に下ろしたての白いパンツを彼がはいてきたときも同じことで、かりに雨が降ってきたら、車道側を歩かせないことです。

「せっかくの下ろしたてに、しぶきがかかっちゃ大変だわ」

といって、女性が車道側を歩くとしたら、どうでしょうか？

「なんてしゃれた考えの持ち主だろう」と、男性はいっぺんに好きになるかもしれません。

人脈につながるルール
34

詫び、謝罪で伺うときは土産は持参しない

マナーの常識35

日常の中にマナーのよさをもち込みましょう

「運命は性格の中にある」といったのは、芥川龍之介です。

これをわかりやすくいえば、ＩＱがどんなに高くても、それは能力であって、性格ではありません。

これに対して、愛嬌《あいきょう》のよさは性格です。

可愛らしいしぐさも、よい性格です。

ところが、頭のよさを誇ったり、相手をバカにしたりする態度は、あまりよくない性格です。

芥川龍之介はこういった日常の行動の中にその人の運命のよし悪しがある、と考えたのです。

この行動の中には、習慣やクセも入ってきます。

こう考えると、毎日の生活の中に、いい出会いと悪い出会いの芽がある、といえるでしょう。

いい出会いに恵まれない人は、そばにいい相手がいないのではなく、自分の性格が悪いのだ、と考えなければなりません。

陰気な性格、無口な性格、ひねくれた性格だとしたら、どんなに周りに異性がいても、無縁の人になってしまう、というのです。

同時に失礼な人、ネガティブな人、空気の読めない人、自己チューな人など、一口にいえば好かれないタイプの人柄は、せっかくの異性から嫌われてしまうでしょう。

これらの性格を、一つひとつ直していくとしたら大変です。時間がかかりすぎます。

そこで日常の中に、マナーのよさを持ち込むのです。

いま海外から日本に観光に来る外国人は、日本人のマナーのよさに驚くだけでなく、感動しています。一番いい例として、毎朝のラッシュアワーで、整然と満員電車に乗り込む日本人の礼儀よさに、感動しない外国人はいません。

このたくさんの日本人の中には、性格のよくない人も大勢いるはずですが、マナーさえよければ、悪い箇所、欠点が見えなくなるのです。

面白いことに私たちの中には、大勢になるとマナーが悪くなるタイプと、大勢になるとマナーのよくなるタイプがいます。とくに男女が大勢集まると、急に大きな声を出したり、笑ったり、怒鳴ったりするタイプが出てきます。

それがはっきり出るのが、飲食をしたあとです。

ふだんは行儀がよさそうに思えたのに、仲間と一緒だと、食べたあとが乱雑だったりします。いつもは座り方でも「しっかりしているなあ」と見られている女性が、仲間と一緒だと、腿《もも》の奥まで見えてしまう、乱暴な座り方をしていることがあります。

またこの逆のケースもあるでしょう。

まさに「運命はマナーの中にある」のです。

不思議なことに、立場の上の人は、1対1のときより、こういった大勢の中でのふるまいを、意外によく見ているものです。

できるだけ、団体、大勢、小グループの中での立居ふるまいに、気をつけましょう。

人脈につながるルール 35

大勢の中にいるときこそマナーに気をつける

マナーの常識36

目の使い方にもマナーがあります

かつてＮＨＫで、最高のアナウンサーといわれた鈴木健二さんは、あるインタビューで「一番大切なのは目の使い方だ」と話したことがあります。

マナーの中には、

「相手と話すときは、視線を相手の目に当てる」

という項目があります。

ところが鈴木さんにいわせると、視線をずっと相手に当てていると、無作法になる、というのです。

たしかにじっと見つめられていると、自分の顔に墨でもついているのかと、心配になります。

かといって、こっちが話しているのに、そっぽを向かれたら「失礼なヤツ」と思ってしまいます。

鈴木さんは、

「7見たら、3外す」

といっています。

つまりときどき視線を外すくらいが、マナーに叶っているということです。

男性の視線は、ほとんどの人が直線的で、まっすぐ見ます。

これは正しい目の当て方ですが、人によっては見下すような目つきになります。

男性同士では、これは非礼に当たります。

ところが女性に対しては、優しい視線であれば、少し見下ろすかたちのほうが親近感が出るものです。

これに対し、女性が上を向くかたちで目を上げれば甘えたかたちになって、いい感じです。

ところが正面を向いて、目だけ脇を見ると、とても冷たい感じになります。

このことは、顔と目を一緒に動かさないと、いい表情にならないということです。

視線には基本の5種類があります。

（1）正面を見る視線は、正視、安らぎ
（2）やや上方への視線は、思慮《しりょ》深さ
（3）さらに上を見る目は冷酷《れいこく》
（4）やや下方への視線は、こまかいことを考える目
（5）足先を見る目は悲しみ、沈静さ

恐らくあなたは、人と会っている最中に、なにげなく、これらの視線をしているのではないでしょうか？

一般論としていえば、人と会っているときは、あまり下を向かないのがマナーです。暗い感じを与えるため、場の空気がよどむからです。

とくに外国人と会うときに、目をそらして握手したら、敵対していると思われてしまうでしょう。

彼らには日本人のように頭を下げて挨拶する、という習慣がないため、握手をしつつ、視線

は常に相手の目に当てることになります。

日本のような島国と違って、大陸にはさまざまな人種がいるため、手と目で、相手が好意的か、敵意をもっているかを判断するそうです。

手は、握手をしたときの直感で好意や愛情を抱いてくれているかどうかを判断します。

日本人はマナーの基本を「歩行停止、敬礼、真剣な顔」と思っていますが、彼らは「近接、握手、笑顔」をマナーの第一にあげています。

できれば「目を笑わせる」という技術を、テレビのお笑い番組から学ぶといいでしょう。

人脈につながるルール 36

相手をずっと見つめつづけるのは無作法になる

恋愛の場面でうまくいくことはビジネスの場面でもうまくいきます

「マナーとは一歩近づくことだ」と教えられたことがあります。

ある会社に、女性経営者を訪ねたことがあります。私が行くと、椅子から飛び上がるようにして、小走りに近づいてきます。

これだけで、彼女が私を歓迎していることがよくわかりましたし、その後のつき合いもうまくいっています。

以前私はテレビに出演して、「10秒で女性を口説く法」を実演したことがあります。

これは、この女性経営者の方法を、恋愛場面に置き換えたもので、ともかく待ち合わせたら、こちらから彼女に足早に近づくだけで、うまくいくものです。

いま彼女に近づくといいましたが、女性が男性と待ち合わせたときも同じことです。

つまり恋愛場面においては、相手の姿を認めたら足早に近づくことが、最高のマナーなのです。

マナーの本によると、挨拶の仕方が重要になりますが、そうではありません。45度、いや90度腰を曲げて挨拶するよりも、ニコッと笑って足早に近づくことのほうが、よほどマナーに叶っています。

これはときによっては、マナーは形式ではなく、心だということを教えてくれます。いったん駅前で別れたのに、あとから息せき切って、走ってきてホームまでやってきた男性の話を、ある女性から聞いたことがあります。

そして電車に乗る女性をホームで見送ったというのですが、これはルールに則ったものではありません。

一回さよならの挨拶をしたのですから、それですんでいるはずですが、これで彼女は心を打たれてしまったのです。

これは男性側のつくりもののマナーですが、ときには、こういったつくりものが、人間関係には必要です。

つくりものは偽物《にせもの》とも書きますが、本当の「にせもの」ではありません。真《しん》と贋《がん》の間にあるもので、むしろ真に近いかもしれません。

「つくり笑い」という言葉もありますが、能面《のうめん》のような顔、怒った顔より、つくり笑いでも笑顔のほうが、相手の心を和らげるものです。

男女のつき合いは、ほぼ一瞬で決まります。

とくに女性は直観力が鋭いため、相手の顔や行動、動作などを見ただけで、この男性とつき合っていいかどうかを判断します。

その点、男性は愛と情の二つの感情がやや鈍いせいか、しばらくつき合わないと、相手を見抜けません。

こういった男女の差を知ることも大切です。

基本的にいうと、女性はデキる男かどうかを第一に置きます。

そのデキる男性は、女性の上品さを重要視します。

なぜかというと、社会的に上位になったとき、妻が下品だったら恥をかくからです。

デキる男は必ず出世するのです。

互いにこういう点を見ながら、マナーを上手に扱うといいでしょう。
上品で活発なら、男は最高の女性と思うに違いありません。

人脈につながるルール
37

相手の姿を認めたら、足早に近づいて好意を示す

知っておくと得をする❹

自分側に使う言葉

●自分の家族や身内について

父　母　老母　父母　両親

息子　愚息《ぐそく》　娘　孫

夫　主人　宅

妻　家内

一同

●事物について

拙宅《せったく》　粗品《そしな》

悪文　乱筆　乱文

寸志　薄謝《はくしゃ》

弊社　小社

第7章

「人脈につながるスマートな品格」

大衆心理に乗ると自分が低くなります

最近のマナーの悪さは、公共の場での態度に表れています。
一時期は電車の中で大声でしゃべったり、座席どころか床に座り込む学生まで現れましたが、
これはプライベートと公共性の区別がつかないからです。
もちろんプライベートにもマナーは必要ですが、公共の場では、

（1）他人に迷惑をかけない
（2）器物を壊したり、汚さない
（3）危険な行為をしない
（4）他人が眉《まゆ》をひそめる言葉や行為をしない

(5) その場での禁止事項を守る

この5点を守らなければなりません。

これらは1人でいるときは、比較的守りやすいものですが、大勢となると、1人くらい守らなくてもかまわないだろうと、危険なことや、迷惑なことをやってしまうのです。

ところがそういう人にかぎって、今度は1人になったとき、正しいマナーができなくなってしまうのです。

近頃は中国人のマナーが悪いことが指摘されていますが、よく見ると、大勢の人が口から道路に何か吐き出したり、行列の中に割り込もうとしています。

これは大衆心理で、「みんなで渡れば怖くない」という気持ちでしょう。

実際、外国に来たら、誰にも自分が何者かわかりません。その安易な気持ちが、次に個人になっても出てきてしまうのです。

公共の場でも態度が悪い人は、私にいわせると、自分のレベルを低く見ている人です。

「どうせわかりはしない」という態度が見え見えです。

こういう人は将来、出世は不可能です。

では公共の場とは、どこを指すのでしょう？

(1) 道路、公園、海岸など歩行者の多い場所
(2) 劇場、百貨店、レストラン、ホテル、学校など屋内の集会場
(3) 電車、エレベーター、エスカレーター、航空機などの乗りもの

大きくいえば、これら3つの場所でしょう。

ここでの迷惑、危険、損傷などに心配りができるかできないかは、社会人として通用するかどうかにつながります。

この公共の場でのふるまいが正しい人、美しい人は、親のしつけがしっかりしているといわれます。

しつけという字は「躾」と書きますが、親からきちっとしつけられた男女は、態度やふるまい、言葉遣い、返事の仕方がしっかりしているのが特徴です。

すると周りの人が見ても、身のこなしが美しく見えます。古い日本人の親の感覚からすると、

（1）挨拶する
（2）時間に遅れない
（3）約束を守る

この3つさえできれば、公共の場に出ても恥ずかしくない、という思いがあったのでしょう。

人脈につながるルール 38

公共の場で心配りができる人が社会に通用する

マナーの常識39

私たちの半数は母親にしつけられています

私たちの性格は、自分だけでつくり上げたものではありません。

現在の皇太子の子ども時代の教育を担当した浜尾《はまお》実《みのる》元東宮《とうぐう》侍従《じじゅう》の本（『子どものほめ方しかり方』）によると、私たちの人間形成に一番影響のあった人のベスト3は、

（1）母親――――49％
（2）父親――――31％
（3）職場の人――6％

この3人だそうです。この本が出たのは相当前ですが、学校の先生はわずか5％に過ぎませ

ん。いまだったら、ほとんどゼロに近いのではないでしょうか？　ともかく私たちは、母親によってしつけられ、性格を形成されていくのです。母親の責任はそれほど重大です。

「母親が膝をついて挨拶する家庭の子どもは、行儀がよくなる」

これは昔からいい伝えられてきた言葉です。

「膝をつく」というのは、昔であれば、畳や板の間に膝をついて挨拶する、ということです。つまり客人に対して身を屈する、かがめるという礼儀であり、西洋でいうと、上流階級の目上に対する挨拶法です。

誰でも一回は映画やテレビドラマで見たことがあるでしょうが、ヨーロッパでは社交界に娘が出る際には、ダンスパーティで披露しなければなりません。このとき、娘はうやうやしく膝をかがめて、優雅《ゆうが》に挨拶をします。つまり大人の社会では、優雅さが大事だということです。

この挨拶は、代々伝わっていくものだそうですが、私たち日本人の膝を曲げたり、正座する礼儀作法は、ヨーロッパ社会でも感嘆《かんたん》されたといわれます。

近頃の家庭では畳が少ないので、膝を曲げての挨拶はしにくくなっていますが、それでもしっかりした家庭を訪問すると、母親や娘は腰をかがめるなど、相手に対し、真心を示します。

人脈につながるルール 39

マナーの心はいまからでも身につけられる

日本には昔から跪坐《きざ》といって、正座のかたちから腰を軽く浮かせ、両足の爪先を立てて、お尻を軽くかかとの上に乗せる姿勢があります。

洋風の玄関でも、客を丁寧に迎えることになり、上品な感じがします。これはもともと障子やふすまを開け閉めするときの動作です。

いまは和室のないマンションが多くなったので、この動作でお茶や食事を運ぶこともなくなりましたが、心の中では、腰を一段こごめるつもりになるといいでしょう。

昔の日本人は、家庭でのしつけを大切にしました。とくに女性は会社に勤めることもなかったため、家庭の中の行儀作法が必要でした。

お茶、お花などの習い事は、マナーを覚えるためにも大事でした。そしてその心が、子どもたちに伝えられていったのです。そう考えると、女性の役目は重要です。

わが子が大人になったとき、出世していくかどうかにも関わるからです。

マナーの常識 40

箸と毛筆のもち方だけは学んでおきましょう

あなたは箸を正確に使えるでしょうか？

どんなに上位の人でも、箸を正しくもてないと、どこかぎこちなくなります。

和食の席では、それなりの作法があります。

しかし多くのマナーの本には、料亭で出すような料理の作法しか出ていません。

一例をあげれば、渡し箸というものがあります。

これはお皿やお茶碗に、箸を置いてはいけませんよ、というルールです。

ところが、いまの家やレストランでは、箸を置く小物、箸置きがないところがあります。

そんなときには、箸袋やティッシュで、一時的に箸を置けるように工夫しなければなりません。

ここには箸を大切に扱う姿勢が出ています。

その箸と毛筆のもち方が、その人の一生を左右することになる、といったらおおげさすぎるでしょうか？

恐らく箸と毛筆を正しくもてない人は、折にふれて、恥ずかしい思いをしなければなりません。いや、恥ずかしい思いをしない人は、一流になれないどころか、下流で一生を送ることになりかねません。恥ずかしい思いをするということは、それなりの上位者との席に連なるということで、出世コースを走っている、と見て差し支えありません。

箸と毛筆の正しいもち方は、ネットでもどこでも出ています。

箸が正しくもてれば、丸い豆を1粒ずつつまむことができます。

また毛筆を正しくもてれば、楷書だけでなく、行書、草書も書けるようになりますし、万年筆、ボールペン、鉛筆もきちんともてて、きれいな文字が書けるようになります。

そして面白いことに、箸やフォーク、ペン先など尖ったものは、先端を相手に向けてはいけないとされています。

また日本も西欧も、料理をいただくときは、箸やフォーク、あるいはスプーンを、口元まで運びます。

これは両者とも食べるとき、背を丸めたり、口を突き出して、恥ずかしい姿勢をしないという、長年の文化から発しているものです。

マナー教室に入ると、ほとんどの教室で、食事のとき両腕の脇を開けないことと習うはずです。一つにはみっともないこと、もう一つは、テーブルの隣りの人に腕がぶつかるからです。またステーキをナイフでカットするとき、のこぎりで丸太を切るようにしたら、相手に失礼に当たります。とくにご馳走になっているときは、固い肉に見えて、相手に恥をかかせることになります。

食事のときのマナーの原点は、相手に醜態《しゅうたい》を見せないこと。見た目をなるべく美しくできれば、それで合格です。実際、それ以上にふるまおうとしたら、専門家にならないとムリです。

それより「おいしい」の一言のほうが、はるかにマナーに叶っています。

人脈につながるルール 40

食べるときに背を丸めたり口を突き出したりしない

話し言葉は、書き言葉で訓練できます

美しい言葉は、突然その席に行って出せるものではありません。

ふだんから「オレ」「アタシ」といった言葉に慣れている人は、大事な席でどんなに言葉を飾ろうとしても、それはムリです。

こんなときは、ハガキや手紙を書く訓練をするといいでしょう。もちろん、パソコン、携帯からのメールでもかまいません。

どういう通信方法でもかまいませんが、書くとなると「オレ」「アタシ」「オマエ」という言葉は使えなくなるからです。

誰でもかたちを整える、形式を用いる、という書き方になるはずです。すると今度は、ぞんざいな表現が、しっかりした言葉遣いに変わっていきます。

「オレ、オマエ」「アタシ、アンタ」という言葉では、手紙は書けなくなるからです。どうしても「私」「僕」「あなた」「あなた様」という表現を使わざるを得なくなります。

私の手元には、学生時代につき合っていた友人たちの古い手紙が残っていますが、驚くことに、じつにしっかりした言葉遣いをしています。

会えば、ぞんざいでだらしないしゃべり方をしていても、手紙となると、急に大人びた表現を用いたくなるのでしょう。これらの友人は、のちに社会のトップクラスになっていますが、手紙の効能かもしれません。

手紙のルールは私信とビジネスでは、基本的に違います。

私信はタテ書きがふつうですが、ビジネス文書の多くはヨコ書きです。ビジネス文書は、それぞれの企業で決まった書き方があるので、ここでは省略します。ただし、ビジネス関係者であっても、親しい人であれば、私信同様になりますので、タテ書きもあるでしょう。

私信でもっとも間違いやすいのは、ハガキでありながら、「拝啓」「敬具」「前略」「草々」を使うことです。

ハガキは手紙の省略体なので、これらの言葉は必要ありません。

ただし、「暑い日（または寒い日）がつづきますが、お元気でしょうか」といった最低限の挨拶は必要です。

ここで重要な点は、プライバシーにふれる内容であれば、封書の手紙にしなければなりません。プライバシーでなくても、日時、金額、数字を入れた予定や約束をするときも封書が賢明です。

なおハガキや手紙で多い間違いは、封書の宛先、宛名です。

企業や事務所に宛てたものであれば「御中」ですが、人名であれば「様」がふつうです。

また「○○社長様」と書くのも間違いです。

「社長　○○○○様」と書くほうが正しくなります。

こういったハガキや手紙を書いていると、次第に敬語を覚えますし、言葉がきれいになります。話し言葉は書き言葉によって、訓練されるのです。

人脈につながるルール 41

ハガキで送るもの、封書で送るものを使い分ける

マナーの常識 42

尊敬語と謙譲語の使い方を知っておきましょう

私は女子短大で文章を教えていた一時期がありますが、なかでも尊敬語、謙譲語については、教えるのが非常に困難でした。

というのも、かりに教室で正解したとしても、それを日常的に用いるのは、不可能に近いからです。

ＪＡＬやＡＮＡのＣＡが仕事をやめたあと、会話教室などでモテモテなのは、この尊敬語、謙譲語を自由自在に使えるからです。その意味では、彼女たちは会話の専門家と呼んでいいでしょう。

ただ私の長年の経験では、１人でこの尊敬語と謙譲語の両方を必要とすることは、めったにありません。

というのは、その両方を日常的に使わなければならない人は、航空会社やホテル、一流料亭など、レベルの高い人々を扱う業種であったり、あるいは企業の秘書課に勤務する人にかぎられるからです。

これらの職業の人たちは、客扱いの専門家であり、一般企業の社員の言葉遣いと、基本的に異なります。

かりにふつうの会社の社員であれば、尊敬語を必要とするか、謙譲語を用いるかのどちらかでしょう。それも尊敬語は少数派で、むしろ謙譲語さえできれば、それで美しい日本語になるものです。

それはどうしてでしょうか？

尊敬語は相手の言動に対する敬語です。それに対して謙譲語は、自分の言動をへり下って使う敬語です。

一日の行動を考えてみると、相手に対する時間より、自分の予定の時間のほうが、はるかに長いのではありませんか？

〈普通語〉	〈尊敬語〉	〈謙譲語〉
見る	ご覧になる	拝見します
食べる	召し上がる	いただきます
行く	いらっしゃる	うかがいます
来る	おいでになる	参ります
借りる	借りられる	拝借します
聞く	お聞きになる	承ります

これらは一例ですが、尊敬語は、それほど多く使うわけではなさそうです。

それに対して、これらの謙譲語は、日常語に使っているのではありませんか？

回数からすると、数倍から十倍くらいの差がある人もいるでしょう。

それは日常会話だけでなく、メールやフェイスブックでも、相手に連絡する回数がふえてきたからです。

またハガキや手紙でも、この謙譲語が必要になってきます。

人脈につながるルール
42

尊敬語と謙譲語の両方は必要ない

実践のマナーからすると、謙譲語さえしっかり使えれば、ほとんど問題はないのです。かりに尊敬語が必要になった場合には、通常使う丁寧語で間に合わせることもできるのです。要は、自分の立場として、絶対必要な表現さえできれば、それで十分間に合うはずです。

マナーの常識43

相手に合わせた会話ができる人が人脈を広げることができます

一般的にいえば、男性より女性のほうが、マナーに叶った会話が上手です。それはどうしてでしょうか？

男性より異性、異世代とつき合う機会が非常に多いため、丁寧語、尊敬語をふだんから使っているからです。

ところがほとんどの男性は、同世代の男同士とつき合うケースが圧倒的に多いため、中堅クラスになっても、満足に礼儀に叶った話し方ができません。

それでも男同士なら、相手も似たり寄ったりですから、マナーと無関係にしゃべります。

その点、若い女性も同じかもしれません。

同性同士の会話ではなぜダメかというと、省略体が多くなるからです。

ところが年が大きく離れていると、互いに省略体を使えません。とくに若い人は、なにかと省略体を入れてくるので、年上の異性にはまったく通用しません。

そこで異性だけでなく、10歳違い、20歳違いの人との会話が重要になってくるのです。

これらの人たちと話をしていくには、控え目、遠慮深さ、丁寧さ、尊敬心などが必要なため、言葉に気をつけるようになるものです。

企業の受付の女性たちと会話してみるとわかりますが、とても魅力的です。

それは、あらゆる階層の人たちを案内しなくてはならないため、言葉が洗練されてくるからです。

さらに受付台に座ったまま、案内をするわけですから、顔の表情だけでなく、身ぶり手ぶりも加わります。これによって、会話がとても立体的になってくるものです。

同性の同世代とだけつき合うと、人間が大ざっぱになり、言葉もぞんざいで、それこそ営業でも使えなくなります。

そこで若い男性ほど、高齢の女性がいる趣味の会などに、しばらく在席してみるといいでしょう。たとえ会話ができなくても、その言葉を聞いているだけで、会話の幅が広がります。

また婚活の会に出てみるのも、悪くありません。

男も女も相手に気に入ってもらおうと、最大限魅力的に見せる努力をするからです。

また最低限のマナーができなければ、自分より上位の女性をゲットすることは不可能です。

会話だけでなく、ファッションも洗練されていくため、知らないうちに、ワンランク上昇しているかもしれません。

「馬子にも衣装」という言葉がありますが、昔から外形を飾れば、りっぱに見えるといわれてきました。

外形を飾れば、卑《いや》しい会話はできません。むしろ少しでも洗練された会話にしたいと思うでしょう。

人脈につながるルール 43

異性、異世代とつき合う

誰でも同性、同世代といるときより、異性、異世代と一緒のときのほうが、緊張するもので、そこにマナーが発生します。もっとつき合いの時間と幅を広げるべきだと思います。

知っておくと得をする❺

手紙の書き出しと結び

●目上、初めての人への往信

○とくに改まった場合

謹啓――敬白

謹白――再拝

謹んで申し上げます――かしこ（女性）

○ふつうの場合

拝啓――敬具

突然で失礼でございますが――かしこ（女性）

○対等の人、親しい人の場合

前略――草々

冠省――不一

●目上、初めての人への返信

○とくに改まった場合

御書面拝読――拝具

○対等の人、親しい人の場合

拝復――草々

前略――不一

第8章

人脈につながる「信頼関係の築き方」

マナーの常識 44

相手と親しくなる突破口が信頼関係につながっていきます

若い頃の私は毎日、作家まわりをしていました。有名作家、売れっ子作家には、大勢の各社編集者がやってきます。なかにはすでに作家と同等以上の仲になっている優秀な編集者もいて、その一角に食い込むことは、容易ではありません。

基本的な知識として、その作家のほとんどの作品を読んでいなければ、作家から「もう来なくていい」といわれかねません。つまり基礎的な知識は、マナー以前でもあるのです。

近頃の編集者は、パソコンから作家に連絡して、小説を頼む人もいるくらいで、これでもたしかに作品を書いてもらえますが、それ以上のつき合いにはなれないものです。

これは現在、作家と編集者だけではなく、ビジネス上の各分野で行われていることでしょう。

だからといっては何ですが、話し方、聴き方など、あまりうまい人はいません。

そこで話術などに関する本は、いつの時代でもよく売れるのですが、話し方はいくら読んでも、実践しなければうまくはなりません。

頭で理解できたからといって、それで口のほうがまわるようにはならないからです。

しかし本来、人と人が仲よくなるには、まず会う回数をふやすことです。面と向かって互いに目を見合わせれば、好かれているか嫌われているかがわかるものです。

私たちはこの顔や声、話し方で基本的に好きになれないな、と思えば、そこで打ち切りになります。それはそれで仕方がありません。ところが一目で好感をもたれたら、もっと好きになってもらおうと、より一層その人に好かれる努力と研究を、深めるのではないでしょうか。

私はノーベル賞作家の川端康成先生に、とてもよくしていただきました。先生はマナーにきびしいということでよく知られていました。

テーブルを隔てて、あの鋭い目で見つめられると、各誌の編集長クラスでも緊張して、コーヒーカップをカタカタさせてしまい、「失礼しました」と、詫びるほどでした。

私も初対面では気を張りつめていましたが、先生が意外にも、皇室関係や芸能人のゴシップに顔を和《なご》ませることを知ると、あとはかえって先生が、私の来るのを待つほどになっていったのです。

恐らく先生も、謹厳《きんげん》そのもので毎日過ごすのに、くたびれていたのではないでしょうか？

その昔、太閤《たいこう》秀吉の側近に、曽呂利新左衛門《そろりしんざえもん》というお伽衆《とぎしゅう》がいました。

政治の話で緊張した秀吉に、軟《やわ》らかい話をして、いっとき楽しませる役目でしたが、新左衛門はとくに、その日そのときの秀吉の気分を察知する名人だったといわれます。

私も曽呂利新左衛門の故知にならって、先生を笑わせたのですが、他の編集者から「川端先生を笑わせられるのは、櫻井さんだけだ」と、うらやましがられたものです。

正しいマナーも重要ですが、それで親しくなれるとはかぎりません。

相手の性格や日常生活をよく研究することのほうが、大事なこともあるのです。

マナー以上に相手をリラックスさせ、親しくなる方法があることを、研究することで、相手との信頼関係を築く突破口ができるかもしれません。

人脈につながるルール 44

緊張した関係では、それ以上に近づくことはできない

マナーの常識45

お願い事をするのに、ふだん着でいってはいけません

お願い事をするとき、あなたはどんなマナーを心がけているでしょうか。

「とにかく、相手に丁寧にお願いすることを心がけています」という人は多いでしょう。

しかし、いくら丁寧にしても、相手からすれば、見知らぬ人から名刺を差し出されて、「大災害にご協力ください」といわれても、その場で協力なんてできない、というのがふつうでしょう。

どんなに丁寧でも、それだけでは信用されません。

その上、その名刺には住所がなく、携帯電話とフェイスブックのアドレスしか書かれていなかったら、信用ゼロでも仕方ありません。

人にお願い事をするときのマナーには、さまざまなケースがあります。

（1）時間を割いていただく
（2）就職などをお願いする
（3）寄付をしていただく
（4）仲間になっていただく

これらはすべてお願いするほうが、腰を低くして伺わなければなりません。

そんなときは、男であればふだん締めないネクタイをしたり、女性であれば、スーツにしなければなりません。

当然のことながら、敬語を使うことになりますが、この敬語はそのとき着ているものと、ほぼ連動させなければなりません。

さらに重要なことは、お願いの仕方です。

近頃もっとも多いのは、パソコンによる依頼状です。ここで注意したいのが、そのお願いがビジネス上かプライベートなものか、という点です。

ビジネス上のお願いであれば、パソコンからの依頼状で差し支《つか》えありません。

この場合でもしっかりした人なら、パソコンで打った依頼状を手紙にして送るでしょう。

ところがプライベートのお願いの場合は、最低でもパソコン文字のお願い文を、手紙で送らなければなりません。

なんとしてもお目にかかりたい、お願いをしたいというのであれば、その熱心さを表す意味でも、万年筆による自筆の手紙を送るべきです。

このとき社用以外ではボールペンは使わないこと。これはビジネスのためのもので、正式な私信には毛筆か万年筆を使うものです。

将来伸びるな、と思う人は、男女を問わず、このことを知っています。

だからこそ、そういう人に対しては、なかなかお目にかかれない立場の方も「会ってやろう」という気になるものです。

これを「礼を尽くす」といいます。

こちらが礼を尽くしても会えないとしたら、その方とはご縁がないのです。

この場合、相手を絶対悪くいってはなりません。なぜなら、誰かに悪口をいったら、それが相手方に伝わる場合があるからです。

人脈を広げたいと思うなら、どんなケースであっても、悪口をいってはなりません。

めぐりめぐって、再び三度、その方と縁がめぐってくることもあるからです。

そのときになって「しまった」と悔やんでも遅いでしょう。悪口や陰口をいわないことも、大切なマナーなのです。

人脈につながるルール 45

ご縁がつながらなくても悪口はいわない

マナーの常識46

どの分野の人ともつながれる人脈をめざしましょう

本当にしっかりした人脈をもっている人は、どんな高位の人にも、2人目で行き着くといわれます。

どういうことかというと、かりに私が総理夫人にインタビューしたいと考えます。このとき直接の知り合いではないので、いろいろな人脈を頼って、なんとか総理夫人秘書にまで行き着いたとします。

残念ながら私では、そこに行き着くまで何人もの紹介者を必要とするでしょう。ところが本当に強い人脈をもっているA氏は、B氏という友人に電話をしただけで、総理夫人へのインタビューが可能になってしまうのです。

いかにA氏が、強くて力のある人脈の持ち主であるか、わかるでしょう。しかし、このA氏と私がつながったら、２人目で目的の方に行き着くことは不可能でも、３人目で行き着けるのです。

人脈がいかに価値を生むか、これでわかるでしょう。

私自身の過去を振り返ると、31歳という若さで週刊誌の編集長になりましたが、プランはいくらでも出ても、それを具体化できませんでした。

皇族にお目にかかりたい、大臣に、大経営者に会いたいといっても、伝手《つて》がありませんでした。このときほど、自分の若さを恨《うら》んだことはありませんでした。

30代そこそこでは、まだ人脈の数も分野もかぎられており、自分の力では不可能でした。

私の30代は、極端にいうならば、人脈の発見と、それらの人たちといかにしてつながるかに使われた、といっていいかもしれません。

私の人脈はそれでも着々とふえていき、ほとんどの分野、業種の方なら、２人目で行き着くほどになりました。

これによって「女性自身」は、急速に部数をふやしただけでなく、女性誌でありながら、外国の要人、国王夫人、有名人を含めて、広範囲の方々とつながることになったのです。

またこのとき、ある経営評論家から、

「30代までは表《おもて》人脈、40代は裏《うら》人脈をもて」

とアドバイスを受けたのでした。

世界は表社会だけでなく、裏社会も含めて成り立っています。

そして表社会でのマナーだけではなく、裏社会のマナーもあるのです。

外務省、警察庁などのエリートたちの中には、この裏社会のマナーに精通している人たちが、大勢います。私はそれらの人たちともつながることで、裏人脈の方々とつき合うマナーも知ったのです。

一例をあげれば、

「私自身の命に換えて」

「私個人の責任をもって」

という言葉は、それらの方々とつき合う上で、最低限のマナーになるのです。

さらにもう一つ、

「約束は必ず守ります」

という言葉も、最低限の礼儀なのです。
この3つの言葉さえ守れば、どんな方とでもつき合っていけるのです。
笑顔だけがマナーでない、そういう世界もあるのです。

人脈につながるルール
46

30代までは表人脈、40代は裏人脈をもて

マナーの常識 47

人前ではいってはいけないことを知っておきましょう

ともすると私たちは、人前で「知らない」といいにくいことがあります。

そこで知ったかぶりをしてしまうのですが、目上の人には、それがわかってしまうものです。

せっかくチャンスをいただいて、お目にかかったのに、これではいくら丁寧な言葉を使っても、人脈の一人にはなれないし、信頼関係を築くことはできないでしょう。

ところで、座談、対談にはいくつかのルールがあります。

「知らないことは知らない」というのも、ルールの一つですが、最初にいくつかのルールを心得ておく必要があります。

(1) 人の秘密にはふれない

ことです。

「ここだけの話ですが」と声を潜《ひそ》めて話すような態度は、卑しいと思われるので、絶対しない

(2)他人を批判しない

その場にいる人でも批判は禁物ですが、その場にいない人の場合は、さらに悪口をいったり、噂してはなりません。

(3)愚痴や不平と思われることは口にしない

はっきりとした不平不満でなくても、愚痴っぽい口調は、相手に悟られやすいもの。愚痴るということは、それだけで実力不足がわかってしまうだけに、絶対してはなりません。

(4)物事の善し悪しを、簡単にいわない

目上の人は、どんなニュースや情報に対しても、その場で善悪はいいません。思うところが多岐多方面にわたっているので、軽々しく結論的なことはいわないものです。というのは、友

人、知人、関係者の誰とつながっているか、わからないからです。

(5) 相手の心や教養、知性をためすような質問はしない

私のところに来た若者にも「先生はこれをご存じですか?」と、無作法に質問した男がいます。私は知らなかったので、正直に「知らない」と答えたのですが、その男はうれしそうな顔をして帰っていきました。これでは友情や人脈の関係は結べません。

(6) 議論になったら、勝とうとしない

目上の人の前でいいところを見せたい、と思うのは人情です。数人で議論になると、相手を徹底的に論破しようとする人も出てきます。いま流行りのディベートです。

しかし議論に勝っても、相手だけでなく、周りの人たちがみんな離れていったのでは、なんのプラスもありません。うまく敗《ま》けるのも、大人の勇気であり、それは目上の人から注目されるでしょう。

（7）自分の失敗談をする

しくじった話は、案外喜ばれるものです。反対に、儲け話や自慢話は、不愉快に思う人も多いはずです。笑われる存在になるのも、一種のマナーなのです。

この7項目をふだんから心得ておくと、あなたの周りに、多くの人材が集まってくるし、目上の人からは注目されることでしょう。

人脈につながるルール
47

年齢にふさわしいマナーがあることを知る

マナーの常識 48

会釈《えしゃく》という欧米にないマナーが礼儀の基礎になっています

このところ国際結婚が激減しています。

偽装《ぎそう》結婚がふえたことが大きな理由のようですが、日本人男女が自信をもち始めたことも大きな理由のようです。

日本人が外国に学びに行く数も減っていますが、同時に日本観光に、どっと外国人が押し寄せています。

彼らの多くは、日本人のおもてなしの心に感動して帰国していきます。

つまり日本人には、他の国にない礼儀の心が知らず識《し》らず、培《つちか》われているのかもしれません。

いま外国人を感動させている風景に、東京・渋谷のスクランブル交差点があるとか。どんなに混雑している時間帯でも、けんか、怒鳴り合いが一切なく、整然と渡っていく人々の姿に、驚きと興奮、感銘を受けているようです。

ではなぜ、私たちは集団マナーができているのでしょうか？

識者によると、「会釈」という日本独特の礼儀をもっているからだそうです。

会釈とは軽いお辞儀です。

ときには廊下で目上の人に会ったときなど、立ちどまって、軽く会釈するよう、しつけられている企業もあるほどです。

マナーの本を開くと、会釈、お辞儀、最敬礼と分かれていて、それぞれ首の角度が15度、30度、45度と規定されています。それほど正確にすることはありませんし、会釈はしなくても失礼に当たるものではありません。

「江戸しぐさ」という礼儀法があるようですが、もしかするとこの会釈は、その頃から使われてきたのでしょうか。

スクランブル交差点の混雑を、整理係なしで多くの人が渡れるのは、この会釈の心「失礼します」「お先に！」が、1人ひとりにあるからだと、私は思います。

欧米人の会釈というと、日本人と反対に身体を「おっ」という感じで反らす態度をいうようです。これでは渋谷のスクランブルの真ん中で、口論になりそうです。

江戸しぐさには、「雨の日は互いに傘をかしげて、ぶつからないようにする」というものもありますが、これも渋谷の交差点で、使われているのではないでしょうか？

外国人が日本に学ぶものが多いことに気がついたことで、日本人の単純な外国崇拝がなくなり、もしかすると、国際結婚も少なくなったのかもしれません。

いまの若い人たちのマナーの悪さを取り上げるのは簡単ですが、それより生まれたときから身についている美しさ、つまり、しつけを大事にすることも大切かな、と思います。

マナーという言葉を使わないで、礼儀とすると、急に自信が出てくる人もいるのではないですか？

目上の人は、年齢的にも相当高いので、むしろ日本式の礼儀に叶っていれば、少々の無作法も許されるかもしれません。会釈だけは、忘れないことです。

人脈につながるルール 48

どんな場面でも礼儀をわきまえる

マナーの常識 49

自分独自の、守るマナー、学ぶマナーがあります

人脈を広げられる人と広げられない人は、集合写真を見ると、ある程度わかるものです。

日本経済新聞には、朝刊最終面に「私の履歴書」という連載欄があります。

各界で成功した人たちの仕事人生を綴《つづ》ったものですから、読みごたえがあります。

私は長年読みつづけていますが、これらの方々は全員といっていいほど、若いうちに上の人から認められ、可愛がられて、活動範囲と人脈を広げています。

この連載欄は1ヵ月1人が、半生というか一生というべきか、生まれてからの思い出を書いているのですが、同時に毎日、写真を載せています。

この写真を見ていると、ほとんどの執筆者は集合写真でも目立ったところにいます。真ん中とか、左右の脇とか。どこにいるのかよくわからないという人はいません。

先輩や上司などと写っているときは、一番前列の端に座っている人も多いのです。

これは自分が一番若かったり、後輩のときは、何かをいいつけられることもあるので、走っていける位置にいるのが、マナーだからです。

こういう写真を見ると、この人は可愛がられていたんだな、ということがよくわかります。

これは座る席にも、無言のルールがある、ということで、とくに大勢の席では、自分の位置を考えられる人が、一番上の人の目に留まるのです。

大学時代、早くから教授に目をかけられる学生は、最前列から3列目くらいに座るはずです。これはふつうの会話で教授の声が届く範囲であり、教授はムリしなくても、自然にその学生に声をかけるようになります。

いわばゼミに加われる学生的扱いになるのです。これは、私自身が教壇に立ってから発見したルールでした。

こうして思い返すと、大学に残ったり、研究者になった同級生は、ほとんど教室の前のほうに常に陣取っていました。

マナーという点から考えても、後ろの席で講義を聴くのは違反のようなものです。教授からすれば、聴いているのかスマホをいじっているのか、見分けがつかないからです。

これは企業内でも同じことです。

会議のときに、後ろのほうに座っていたら、話している上司にすれば、本気で聴いていると は思わないでしょう。つまりはマナー、ルールに反していることになります。

幕末に多くの有為の士を育てた、吉田松陰の松下村塾《しょうかそんじゅく》は、本当に狭い部屋での講義でした。

ここに座ったら、前も後ろもないくらいです。

この部屋で熱心に聴講した人たちが大活躍したのは、当然だと思えるほどです。

現在でも人脈を広げられる人、多くの弟子の中で頭角を現していく人は、それなりの学ぶマナーを守っているのです。いや、自分でマナーをつくり、それを守りつづけている、といっていいかもしれません。

人脈につながるルール
49

自分でマナーをつくり、それを守りつづける

知っておくと得をする❻

間違いやすい漢語、慣用語

〈間違いやすい同音異字〉

● **事典と辞典**

物や事柄についての解説は「事典」（例・百科事典）。言葉に関するものは「辞典」（例・英和辞典）。

● **同士と同志**

「同士」のほうがやや軽く、日常的なつき合いのとき使う言葉。「同志」は志を同じくする仲間で結束が強い。

● **野生と野性**

山野で自然に育つ動植物を「野生」といい、動物が生まれながらにもっている荒々しい本能の性質を「野性」という。

● **解放と開放**

すべての束縛がとかれて自由になるのが「解放」。初めから自由な状態は「開放」。

● **鑑賞と観賞**

芸術作品をよく味わうのが「鑑賞」。美しいものを見て、心楽しむのを「観賞」という。

● **修業と修行**

学問や技芸をふつうに学び修めるのは「修業」。これに対し武術、学問、宗教などのために、きびしく練磨するのを「修行」という。

第9章

人脈につながる「最高の弟子になる方法」

マナーの常識50

「非礼」を知っておけば間違いは起こりません

マナーに気をとられるあまり、非礼な態度を忘れることがあります。

実際には、マナーを正しく実行するよりも、相手に非礼を犯《おか》さないことのほうが、はるかに大切なことですが、意外にこれがわかりません。

たとえば言葉も態度もしっかりしていて、好感をもたれても、相手に対して、

「奥さまは今日、いらっしゃるのですか?」

とか、

「お子さまはどこの学校に行ってらっしゃるのですか?」

などと尋ねたら、いっぺんに出入り禁止になるかもしれません。

家族構成や学校、会社のことは、プライベートなことですから、それらの質問は、大変失礼

に当たります。

同じようなことですが、相手の行動も聞かないこと。

「今日はこれからどちらへ？」

といった質問は、ついしがちですが、相手からすれば「大きなお世話だろう」となってしまいます。

何によらず、家庭のこと、プライベートなことに踏み込めるのは、よほど親しくなってからです。

また外で会ったときのマナーとして知っておきたいのは、相手の鞄が重そうだからといって、

「私がお持ちいたしましょう」

などと先走りしないこと。

というのも、鞄の中にはどんな重要な資料が入っているかわからないもので、上位の人ほど、むやみに人に渡しません。そんなときは、

「よろしければ」

という一言をつけ加えなければなりません。

この一言がマナーになるのです。

非礼といえば、オーバーな謙遜も、それに当たることを知っておきましょう。

これは女性に多いのですが、

「私なんて、とんでもありません」

「そんな大事なことは、私にはまだまだムリです」

「私には、とてもできそうにありません」

といったへり下りの言葉が、よく出てきます。

これは一見マナーに叶っているように見えますが、過度なへり下りや謙遜、辞退は、非礼にもなってしまいます。

「そんなに何もできないなら、きみは必要ないな」

となりかねません。

何事も「過ぎたるは及ばざるがごとし」なのです。

ただし、知ったかぶりなど、過度な自信もよくありません。

知識を披露することは、けっして悪くありませんが、客観的であることが大切です。

自分の主観を強く出すと、非礼になってしまう恐れがあります。
なお、これは初歩中の初歩ですが「遅れる」「忘れる」「自分勝手」は非礼3原則ともいわれる態度ですから、注意しましょう。

人脈につながるルール
50

過度なへり下りや謙遜、辞退は非礼になることもある

返信、確認は「奇数の法則」で

時代は大から小に移りつつあります。

総合百貨店から専門店に客層が移ったり、スーパーよりコンビニに行く回数のほうがふえつつあります。

大手企業をやめて、小さな会社を起業する若者も多くなってきました。

私の会社は新宿区の神楽坂にありますが、これ以上、小さくならないのではないか、と思うほどのプチレストランや小料理屋に、客がぎっしり詰まっています。

こうなると、いわゆる接客マナーは成り立ちません。

接客マニュアルの基本は、

「丁寧」

「笑顔」

「言葉遣い」

ですが、それを大事にするより、人なつっこさやスピードのほうが大切になってきます。

そしてその中でも「確認」が、最大のテーマになってきました。

小さな店に商品がぎっしり詰まっていると、間違いが起こりやすくなります。

飲食店も同じで、よほどしっかり確認をしないと、注文された品でないものを、サーブしてしまう危険性があります。

客とトラブルになるのは、この確認不足がほとんどです。もともと確認はマナーではありませんが、マナー以上に、人間関係でトラブルにならない重要な鍵といえるでしょう。

この確認がしっかりしていれば、その店や従業員と客の間は、長つづきすることになります。

この確認は「奇数の法則」が有効です。「奇数の法則」とは、目下の者、または依頼した者から始まり、最後にその人の言葉で終わる、というものです。

たとえば、客から注文を受けたとき、

（1）「何にいたしましょう？」（店側）
（2）「これにしてください」（客）
（3）「かしこまりました」（店側）

これで奇数で終わることになります。

このとき（2）で終わったら、客は店に不満を抱くでしょう。

たとえば私の場合は、メールで原稿や取材の依頼を受けます。

このとき私は「承諾」、または「断り」のメールを返すのですが、それに対して「承知しました」という奇数回の返信が来ないことがあります。

こうなると、その依頼人が私のメールを見たかどうか、こちらが不安になります。これは依頼のマナーに反することになり、その依頼人は信用されません。

絶対に「3回」ということではなく、5回でも7回でも、必ず奇数回で終わるのが礼儀です。

その奇数回目は、必ず確認とお礼の言葉になるはずです。

これは、なにもビジネスだけにかぎりません。

小さな人間関係でも、まったく同じです。
家族の中でも日常的に確認事項が発生しますし、友人同士でもあるでしょう。
このとき奇数の法則を活用すると、温かみのある関係になるものです。
近頃は毎日使う道具が、パソコンからスマホへと変わってきました。
スマホは1時間に何度も見ているだけに、奇数の法則を忘れないようにしましょう。

人脈につながるルール 51

返事が来たところで終わりにしない

下品と無遠慮、貧乏くささはマナー違反です

中国人観光客が来日して一番驚くのが、道路や飲食店に、ゴミが一つも落ちていない光景だといいます。これはマナーの先進国であるフランスの首都、パリにもない光景です。

パリの郊外を歩くと、やたらに犬の糞だらけで、フランス人はその糞を、自分で始末することをしません。この一点だけでも、日本人は上品だと思われています。

しかし日本人全体と私たち個人では、大きく違います。下品な人、無遠慮な人も数多くいるのが実情でしょう。

たとえば笑い方一つでも、大口開いてゲラゲラ笑う人は、下品だと思われても仕方ありません。自分でも知らず識らずのうちに、身についてしまっている危険性もあるので注意しましょう。

私は占いの研究家ですが、手指の細っそりしている男女は、基本的に上品だといわれます。手指が細っそりしていると、今度は顔や頸も細いはずです。オーバーにいえば、平安の貴族風な顔立ちに似ています。

もしこのタイプでなかったら、できるだけ話し方や物腰に意識を向けるようにしましょう。

一例をあげれば、電車の中を見まわすと、脚を開いて座っている男女が、必ず数人はいます。これは両脚から幸せが逃げ出すといわれ、一見クセのように見えますが、性格です。

人の噂や評判をしゃべったり、お金の話にこだわるのも下品な性格です。

また女性に多い「今度、飲みに連れていってください」という一言は無遠慮だけでなく、下品に聞こえます。

女性が「飲む」という言葉を使うときは、だらしなさも入っており、上の人たちからいい目で見られません。

さらに貧乏くさい人も、敬遠されるでしょう。

みんなで食事に行ったとき、そろそろ帰り支度《じたく》をしているのに、「もう一本」などと、酒を頼む人がいますが、貧乏くさいだけでなく、完全にルール違反です。

人の財布や手帳の中を覗《のぞ》いたり、ホテルのアメニティを失敬してきたり、それらの行為も、人から敬遠される態度でしょう。

言葉遣いでも、若い人同士で通用する言葉を、目上に対して使わないこと。

たとえば「キレる」「ヤバイ」などは使わないほうがベターです。

なぜかというと「キレる」の元の意味は、「頭のいい」というプラス言葉であり、いまの「頭にくる」というマイナス言葉ではないので、語源を知らない人間と思われるからです。

「ヤバイ」は、「具合が悪い」「不都合」「危ない」の意味で使う分には、まだ許せますが、「おいしい」などの意味で使うのはどうでしょうか？

また「チョーすごい」「ぜんぜんおいしい」などと使ったら、人脈のほうで逃げてしまうでしょう。

人脈につながるルール
52

「飲みに連れていってください」は下品に聞こえる

マナーの常識53

上位者のいるところでは、空気を乱してはいけません

「マナーとは落ちつきである」と書いてある本がありましたが、マナーのいい人と向き合っていると、たしかにゆったり感があります。

いろいろな会合に出ても、「これは上位の人だな」と思う人には、安定感があるのがわかります。かりに「どうぞこちらへ」と、上座に案内しても、動ずる気配もなく座ります。へんにいつまでも遠慮して、座の空気を乱すようなことはしません。

私はこういう人を見ると、自分から、弟子《でし》の一人に加えてもらいたくなります。けっしてエラぶっているわけではないのですが、なんとなく威厳があるのです。

それはなぜでしょうか？

空気が動かないというか、息の使い方が平静なのです。

私は22歳で出版社に入り、作家担当となりました。それこそ昭和文学全集に入っているような作家、文学者と日々会っていくわけですが、それらの方々の多くは、茶道を修《おさ》めている人が多いせいか、正座姿がまったく崩れません。部屋の中の空気が、ほとんど動かないのです。

こうなると私も息を詰めて、先生の話を伺うことになるのですが、このときの緊張感をいまでは味わえません。

幸田文《こうだあや》という日本を代表する女流作家がいました。私が30歳ほどのことでした。

あるとき先生から「雑巾《ぞうきん》をしぼってごらんなさい」と命じられました。

「えっ？　雑巾をしぼる？」

私はわけがわかりませんでした。小説をお願いにきているのに、廊下を拭《ふ》く雑巾をしぼれ、というのです。お手伝いさんの運んできたバケツの中に、私は力一杯雑巾をしぼりました。息がハァハァいっています。

ところが先生は私のしぼった雑巾を手にとると、まったく息を乱さずに、しぼり直したのです。すると驚くことに、まだしぼれるではありませんか！　先生はそのとき57歳でしたが、平静そのものです。

まったく息をはずませていません。先生は掃除の名人としても高名でしたが、こんなところにもマナーが生きていたのです。

先生は私に、「いつどんなときでも、平静でいなさい」という教えを、雑巾しぼりで教えてくれたのでした。

「息を乱しちゃダメよ。マラソンの名選手は40キロ走っても、息が上がらない。あなたも部屋の空気を乱さないで」

先生のいわんとするところは、「上位者のいるところでは、空気を乱してはダメ」というもので、空気を落ちつかせることが、上位者へのマナーだ、ということのようでした。

それが本当にわかったのは、まだまだ後のことでした。

掃除の名人は、その最中でも、場の空気をできるだけ動かさないのだ、ということがわかっただけでも、とても勉強になったのを覚えています。

人脈につながるルール 53

空気を乱さないことが上位者へのマナー

マナーの常識 54

小さなことにも気を配ることが大切です

食事のマナーというと、食卓全般のことになってしまいますが、なかでも、ほんのちょっとしたことだけを知っていても、損ではありません。

それは「どっちか迷うとき」です。たとえばお箸を置くとき、タテに置くのか、横に置くのか、それも箸先を右にするのか、左にするのか？

正解をいえばタテに置くことはありません。横に置くのは世界中で日本だけといわれます。それだけに外国人には奇異に映ることでしょう。

一説には、鋭い箸先を相手に向けないのが礼儀だ、といわれます。

なお横に置く際には、持ち手のほうを右にし、箸先を左にします。

そのとき箸置きがなければ、箸袋でもいいですから、箸先を少し上げること。これは箸先を汚さないためです。

お椀のふたの置き方も、迷うところです。ふだんは中が見えるほうを上にして、右側に置きます。いただき終わったら、前と同じようにふたを閉めます。ふたの内側を上にして置いてはいけません。困るのは具の入った吸い物です。食後に食卓を見ると、ふたに貝殻を置いている人が目立ちますが、基本は、椀の中に貝殻を入れたままいただくことです。

また飲食店の食卓で困ったことが起こったときは、係の人を遠慮なく呼びましょう。世話を焼くために係の人はそこにいるのです。

また相手の家に行ったときの靴の脱ぎ方も、ちょっと面倒です。

人によっては、靴をはくとき便利なように、後ろ向きになって、玄関向きに脱ぐ人もいますが、それだと迎える側にお尻を向けることになるので、失礼です。

そこで男性も女性も、いったん、そのまま上がり、そのあとで靴を前向きに揃えればいいでしょう。

男女2人で伺うときは、男性が先に上がり、その靴の向きは、女性が直します。ここだけはレディファーストではありません。

しかし現実は個人宅に伺うときも、飲食店に入るときも、客に靴の向きを直させるようなことはしません。かりに個人宅で客にそうさせたら、そのお宅が失礼に当たるからです。また飲食店も客にそんなことをさせません。このときは、その家の礼儀に合わせることです。

ここで注意したいのは、どんなものでもまたがない、ということです。

出版社では本や雑誌の束は大切な売りものですから、絶対にまたぎません。恐らくどの企業でも、自社製品をまたぐことはさせないでしょう。

ところが若い人の中には「大切な商品」という感覚のない人もいます。また相手のお宅に伺ったとき、平気で置き物をまたぐ人が少なくありません。これだけは絶対禁物です。

なお、相手宅でトイレを借りたときは、必ずペーパーで汚れを拭きとること。汚れていなくても、拭くのがマナーなのです。

人脈につながるルール 54

訪問宅では、その家の礼儀に合わせる

マナーの常識55

メンターの人脈を借りて、それを広げていくことができます

人脈を広げるといっても、２通りあります。

自分が中心になって広げる場合と、メンター、師匠に指導を受けつつ、その人脈に入っていく場合です。

すでにある程度、社会的に認められている人は、自分の才能をふりまくかたちで、自分と同等か、それ以下の人たちを集めて、若き人脈を形成していくことになります。

この場合は、いわゆる「兄貴分」になるということでしょうか？

そういう才能の持ち主も大勢います。とくにスポーツ関係では、才能が早く開花するために、このかたちが多いかもしれません。

ただこの本では、自分が中心となって人脈を広げるかたちにはしていません。それは、この

本のテーマとは関係ないからです。

この本の読者は、どうすれば自分が社会的に認められる存在になれるか——に悩んだり、現在、突き進んでいる人たちです。

また、なかには、メンターともいうべき人生の師をもたない人もいるでしょうし、有能な集団の中に融《と》け込めない人もいるでしょう。

一つだけいえることは、この社会では、何らかの集団、グループに属していない人は、たった一人で進んでいかなくてはならないということです。

しかしそれは至難のワザであり、途中で挫折することが多いはずです。

アブラハム・マズローは人間性心理学の大家でした。人間は自己実現に向かって、絶えず成長していくものだ、というのが彼の理論でした。

マズローの自己実現理論の中に、「欲求5段階説」があります。

【第1階層】生理的欲求——生きていくための本能的な欲求
【第2階層】安全の欲求——安全で安心な暮らしがしたいという欲求

【第3階層】社会的欲求、愛の欲求——集団に属したい、愛されたいという欲求
【第4階層】承認欲求——他者から認められたい、尊敬されたいという欲求
【第5階層】自己実現欲求——自分のもつ能力を発揮し、実現したいという欲求

誰でも段階を追って、5段階を昇っていくのだ、というのです。

最初は食事、睡眠、排泄さえできれば満足するが、そのうちに少しでもよい暮らしをしたくなったり、敵に襲われない安全を欲しくなる、というのです。

さらにそこまでいくと、所属と愛の欲求といって、自分一人だけでなく、どこかに所属し、愛情にふれたいと強く考えるようになる——といっています。

丁度ここまで来ると、人生の師であるメンターや、有能な人たちの集まっているグループに入りたくなるのです。

いわば「衣食足りて礼節を知る」年齢と立場に立つということでしょうか？

礼節を知ることで、すばらしい人々から「こっちへ来い」と呼ばれるようになるのです。

いまあなたは、まさにそこに立っているのではありませんか？

そうだとするならば、弟弟子となるあなたは、兄弟子に仕えなければなりませんし、師となる方のあとについて、何事も修業だという心をもたなければなりません。

師が口をつける前には、絶対飲まないし、師が足を崩す前には、絶対崩さないことです。

わかりやすくいえば、師からプロ根性と常識力を、身体につけていただくわけです。

不思議なことに、そうした修業をすると、自分なりのキャラクターが現れることでしょう。

私もそうしてきました。あなたにもぜひ、同じ道を辿っていただきたいと思うのです。

人脈につながるルール 55

メンターの人脈に入っていく

おわりに

時代と共に変わるマナー、変わらぬマナー

これまで日本人の礼儀の基礎であった「はしたない、みっともない、恥ずかしい」という言葉が使われなくなって、久しいものがあります。

ある調査によると「はしたない」という言葉の意味を知っている若者は、ほとんどいないとのこと。「みっともない」すら、わからない人たちがふえてきているそうです。

別にこの風潮を嘆《なげ》くわけではありませんが、時代と共に、生き方が変化しつつあることはたしかです。

そうなると必然的に、常識が変わってきます。食事のときは、新聞やテレビは読まない、見ないという家庭がふつうでしたが、いまそんな家庭は、ごく少数でしょう。

むしろ食卓の上には、一人ひとりのスマホが置かれているのではないでしょうか？

大きく見ると、日本のマナーは、戦前、戦後、そして現在から今後の3大変化を遂げているのです。

戦前はいわゆる和式であり、戦後は和風と欧風の混合マナーでした。現在までそれがつづいてきましたが、それもすこしずつ変わってきています。

日本が、日本人だけの国家ではなくなってきたからです。好むと好まざるとにかかわらず、外国人が押し寄せてきたことで、いまやインバウンド（訪日外国人）時代に突入しました。

これにより、日本のよさを残しつつ、彼らの文化を取り入れていく時代がやってきたのです。誰に対しても頭を下げる、という日本古来の美しい礼式も、人を見て使わなくてはならなくなったのです。

仏教には「人を見て法を説け」という言葉があります。相手の人柄や能力、外見を見て、それにふさわしい助言をしなさい、というものですが、マナーにもそれがいえるようになったのです。人によっては頭を下げてはいけないし、つつましやかな態度を捨てたほうがいい場合もあるのです。

この本はマナーの本でありながら、「そこまでの丁寧さ、丁重さは要らない」というマナーの本らしからぬことも教えています。

なぜそんなことを書くかというと、それより大切なものが出てきたからです。マナーを大切にするあまり、人柄が失われては大損ですし、マナーだけ丁寧でも、常識や教養がゼロであれば、上位の人はその人を高く買わないからです。

私はかたちばかりのマナーを苦々しく思っています。もちろん「かたちから入る」という方法もありますが、それが習慣にならないと、まさに外見だけになりがちです。

それは野球やサッカー、ラグビーなどで、選手のお辞儀の仕方一つ見ていてもわかるはずです。さらにこの本では、とくに上位の人、メンターなどに可愛がられるマナーを中心にしています。

これからは、尊敬する人に目をつけられる生き方をしないことには、成功できません。人脈の時代なのです。

もう一度この本によって、自分の対人関係をふり返ってみませんか？

著　者

著者紹介

櫻井秀勲（さくらい・ひでのり）

1931年、東京生まれ。東京外国語大学ロシア語学科卒業後、光文社に入社。文芸月刊誌「面白倶楽部」に配属。松本清張、三島由紀夫、川端康成など文壇に名を残す作家たちと親交をもつ。31歳で女性誌『女性自身』の編集長に抜擢されるや、毎週100万部発行の人気週刊誌に育て上げる。祥伝社を立ち上げ、女性隔週刊誌「微笑」を創刊。55歳で独立したのを機に、『女がわからないでメシが食えるか』で作家デビュー。以来、『運命は35歳で決まる』など著作は200冊に及ぶ。82歳で、きずな出版を創業。作家、編集者など後進の育成にも意欲的に取り組んでいる。

人脈につながるマナーの常識

2016年3月 4 日　第1刷発行
2016年4月20日　第2刷発行

著　者　　櫻井秀勲

発行者　　岡村季子
発行所　　きずな出版
東京都新宿区白銀町1-13　〒162-0816
電話03-3260-0391　振替00160-2-633551
http://www.kizuna-pub.jp/

装　幀　　ISSHIKI
印刷・製本　モリモト印刷

ISBN978-4-907072-55-1

きずな出版